AUTOUR DU CONCILE

SOUVENIRS ET CROQUIS D'UN ARTISTE

A ROME

CE QUI SE PASSE AU CONCILE
TYPES ET CÉRÉMONIES — LE VATICAN INTIME — ROME CAPITALE

Par CHARLES YRIARTE

90 ILLUSTRATIONS DE DETAILLE, GODEFROY-DURAND, LIX, BOCOURT
DE LIPHART, YRIARTE, WALLET

EAUX FORTES D'APRÈS HEILBUTH

DEUXIÈME ÉDITION

PARIS

J. ROTHSCHILD, ÉDITEUR

13, RUE DES SAINTS-PÈRES, 13

1887

AUTOUR DU CONCILE

CROQUIS ET SOUVENIRS

D'UN ARTISTE A ROME

AUTOUR DU CONCILE

1888

SOUVENIRS ET CROQUIS D'UN ARTISTE

À ROME

CE QUI SE PASSE AU CONCILE
TYPES ET CÉRÉMONIES — LE VATICAN INTIME — ROME CAPITALE

Par CHARLES YRIARTE

90 ILLUSTRATIONS DE DETAILLE, GODEFROY-DURAND, LIX, BOCOURT
DE LIPHART, YRIARTE, WALLET

EAUX FORTES D'APRÈS HEILBUTH

DEUXIÈME ÉDITION

PARIS

J. ROTHSCHILD, ÉDITEUR

13, RUE DES SAINTS-PÈRES, 13

—

1887

STRASBOURG, TYPOGRAPHIE DE G. FISCHBACH

ILLUSTRATIONS

CONTENUES DANS L'OUVRAGE ET PLACEMENT

DES QUATRE EAUX-FORTES [1]

                                                                                 Pages

L'Antichambre au Vatican. — Eau-forte d'après le Tableau
    de Ferdinand Heilbuth . . . . En face le Titre.
Le Colysée (Amphithéâtre Flavien) VIII
Temple de Vesta. 1
Pont Saint-Ange sur le Tibre 8
La Place du Capitole 12
Per Carità, Signori! — Mendiants sur l'Escalier de Saint-
    Pierre 13
Via Appia 17
Le Pape Pie IV 19

[1] Les légendes des Eaux-fortes sont composées en petites capitales.

	Page
Le Pape Paul III	22
Le Pape Jules III	23
Le Palais du Prince-Archevêque à Trente du Concile	25
Charles Borromée, Évêque de Milan	28
Charles de Lorraine	29
Intérieur du Palais du Prince-Archevêque. — Réception de l'Ambassadeur de France	32
Ouverture du Concile de Trente. — Procession solennelle de la Cathédrale à Sainte-Marie-Majeure	33
Une Séance du Concile de Trente	37
Panthéon d'Agrippa	43
Entrée de l'Aula	48
L'Évêque américain	52
L'Évêque arménien	53
L'Évêque maronite	54
L'Évêque de Constantinople	55
Intérieur de l'Église de Jésu	57
Basilique de Saint-Jean de Latran	67
Un Valet de Cardinal	69
Séance Prosynodale dans la Chapelle Sixtine	73
L'Atrium de Saint-Pierre. — Le Pape porté sur la *Sedia Gestatoria*	81
La statue de saint Pierre, revêtue des Ornements pontificaux	89
L'Aula conciliaris. — Une Séance publique du Concile	93
La Place Colonne	101
Le Pont et le Château Saint-Ange	102
Un Garde Suisse — Lansquenet	104
Un Cardinal Italien	108
Monseigneur Spaccapietra, Évêque du Chili	108
Monseigneur Valerga, Patriarche de Jérusalem	109
Monseigneur Yglesias, Patriarche des Indes	109
Prélat du Rit arménien	110
Évêque du Rit arménien	111
Monseigneur Ledochowski	112
Un Chanteur de la Chapelle Sixtine	113
La Place du Quirinal	119

TABLE DES ILLUSTRATIONS

	Pages
Félix Dupanloup, Évêque d'Orléans	120
Les Pères du Concile. — Le Banc des Patriarches	125
La Revue de l'Armée pontificale à la Villa Borghèse	129
La Villa Borghèse. — Entrée des Bosquets	133
Un Zouave pontifical; Dessin de Detaille	137
A LA VILLA BORGHÈSE. — Eau-forte d'après le Tableau de Ferdinand Heilbuth . . . . En face la page	144
Le Cardinal Monseigneur de La Vallette	150
Le Cardinal Pecci	150
Le Cardinal Siméon	151
Le Cardinal de Bonald	157
Le Forum de Trajan	165
Saint-Pierre. — Le Vatican. — La Colonnade	166
La Cancellaria. — Palais du Bramante	169
La Salle Clémentine. — Au Vatican	177
Un Capitaine des Lansquenets	182
Un Capitaine de la Garde noble	183
Un Prince romain	185
Un Sénateur romain	188
Antichambre de Sa Sainteté	189
Portrait de Pie IX	193
Le Cardinal Antonelli	209
Carrosses pontificaux. — Valets de Cardinaux	216
Le Decano de Sa Sainteté	217
Le Jardin du Vatican. — La Vigne du Pape Jules	224
PROMENADE DE SÉMINARISTES AU MONTE PINCIO. — Eau-forte d'après le Tableau de Ferd. Heilbuth. En face la page	224
Basilique de Sainte-Marie-Majeure	227
Ara-Cœli. — Vue prise de la Place du Capitole	232
Le Prœsepio. — La Nuit de Noël à Ara-Cœli	233
Le Bambino	236
Forum Romanum; Vue d'Ara-Cœli	237
La Prédication des Enfants à Ara-Cœli	241
Place Navone	249
Fragment antique dit: *Pasquino*	252
Carrefour Braschi avec la Statue de Pasquin	253
L'Océan, statue antique, dite *Marforio*	265

	Pages
La Vue de la Ville de Trente du Concile	20
L'Arc de Constantin	273
Le Couvent de San Onofrio	276
Le Chêne du Tasse	288
Place du Peuple	291
Épisode au Monte Pincio, d'après le Tableau de Ferdinand Heilbuth	297
Le Piazzone. — Au Monte Pincio	301
La Place d'Espagne et Santa Trinità dei Monti	304
Rencontre sur le Monte Pincio. — Eau-forte d'après le Tableau de Ferdinand Heilbuth. En face la page	304
Sur les Marches de Trinita dei Monti	305
La Fontaine de Trevi	312

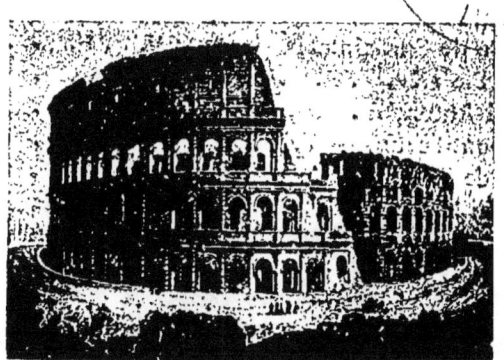

AUTOUR DU CONCILE

INTRODUCTION

ROME CAPITALE

SOMMAIRE. — Raison d'être de la publication de ces souvenirs. — La Rome pontificale devenue capitale de l'Italie une. — L'auteur de la question romaine prophète. — Transformation de la cité éternelle. — Ce que nous avons vu avant 1870 appartient à l'histoire.

Temple de Vesta.

Dans la série des petits bonheurs de la vie, Jules Janin a oublié celui qu'éprouve un amateur, qu'il soit peintre, poète ou voyageur, à feuilleter ses vieux albums ou à chercher dans ses cartons quelque croquis égaré.

C'est une joie douce, tranquille et profonde, qu'on ressent volontiers, le matin, un dimanche, à l'heure où tout Paris court aux champs. On est sûr d'être seul tout le jour; et on va flâner avec délices, en pantoufles, dans son cabinet de travail.

L'écrivain prend ses albums de voyage, ces petits carnets intimes où, rapidement, d'un mot, d'un trait, il a fixé ses souvenirs. Tout cela est pêle-mêle, confus, brouillé, abandonné; le Nord, le Midi, l'Est, l'Ouest, le nouveau monde et l'ancien sont confondus, la poussière couvre les albums et les carnets. Il ouvre au hasard; c'est d'abord un coin de paysage, un caravansérail, une mosquée, un mulet harnaché docilement arrêté à la porte d'une tente; nous sommes en Afrique, et la pensée s'éveille avec le souvenir. Les horizons bleus, les montagnes vermeilles, les villes éclatantes couchées au pied des collines et qui montrent les feuillages sombres des orangers au-dessus de leurs blanches terrasses, apparaissent aux yeux du flâneur. Voici bien la source où il s'est arrêté un soir quand le soleil se couchait derrière l'Atlas, et plus loin le groupe de palmiers sous lesquels il a campé. Puis, c'est un champ de bataille avec des roues brisées et des cadavres pantelants; il y a là comme une évocation rapide qui tient du rêve et de la magie; il entend les cris des mourants, les rumeurs confuses de la bataille, le choc des cavaliers: ce jour-là, la mort l'a frôlé au passage.

Il passe, et lit avec peine des notes effacées par le temps; voici une gitana, un croquis de jupe pailletée, un intérieur de posada, des arabesques délicatement enroulées dans des devises arabes, un coin de jardin du frais Généralife avec des eaux pures dans des bassins de marbre. C'est l'Alhambra et le bain des sultanes; et le panorama se déroule, sa pensée voyage, il entend des bruits de grelots, des ronflements de guitare et des échos de seguedilles; tour à tour il sent les torrides ardeurs du soleil d'Andalousie et la fraîcheur exquise des hauteurs de la sierra Névada. — Vive la grande route! Son cœur saute, sa figure s'illumine, il sourit à ses jolis souvenirs, une tête noire aux yeux ardents soulève une jalousie; c'est une apparition qui lui rappelle Cordoue, aux rues étroites, ou Tolède, aux balcons sculptés. Et ce sont tous les hasards du voyage qui renaissent à ses yeux et lui reviennent au cœur. Le *Padre Cura*, tout noir, passe sur la route, croisant la bohémienne „jaune comme une orange", le muletier marche à côté du soldat; puis c'est un trait rapide qui rappelle un fier portrait d'un grand maître fixé à la hâte en visitant une galerie, et une silhouette de montagne pelée, avec des terrains nus et des chardons à perte de vue, qui évoquent devant ses yeux les plaines de la Manche et Don Quichotte. Le croquis cherché, la note dont on a besoin et qui redeviendrait actuelle, ne se retrouve point ; l'heure s'écoule, l'amateur vit en une heure de longues années de voyages et d'aventures, et il va feuilletant toujours. Il salue avec attendrissement sa jeunesse qui passe, relit des vers ébauchés, des enthousiasmes qu'il allait oublier, il se plonge avec joie dans ses chers souvenirs et tourne encore les pages.

Ici c'est la France, qu'on ne connaît pas assez, la belle, la pauvre et chère France meurtrie, si douce en Touraine, si féconde en Normandie, si riche et si belle dans le Midi, avec les collines bleues et les ruines austères. A l'autre feuillet l'horizon change; une gondole, un coin de quai, un petit palais byzantin, la plage aride du Lido et un autel riche comme un reliquaire; c'est Venise. Venise! Il voudrait s'arrêter;..... passons encore. Voici des cardinaux rouges, des laquais couleur jaune soufre, et des Transtévérins qui dorment sur les marches de Trinità dei Monti : c'est Rome... Rome!... *Le Forum, la Via Appia!...* et il s'en va, feuilletant les pages, il entre au Vatican, et flâne sous la colonnade du Bernin. Le voyageur vient de retrouver ses notes du dernier Concile, ses croquis faits à la dérobée, à la hâte, en se cachant, en dépit des custodes et des camériers. Voici *la salle Clémentine*, salle des gardes des appartements pontificaux, avec sa cheminée colossale, où les lansquenets qui veillent à la porte du saint-père déposent leurs hallebardes; voici, fixées d'après nature, le jour de la „Séance prosynodale", les belles têtes fines des princes de l'Église, vieillards illustres qui siégeaient dans la Sixtine, avec les prélats orientaux, les moines chefs des ordres religieux, dont la silhouette pittoresque a été prestement esquissée, dans le fond d'un chapeau. Plus loin c'est le *Monte Pincio, le couvent de Saint-Onofrio,* où mourut le Tasse, une étude sur *Pasquino,* un portrait de cardinal, *la Prédication des Enfants à Ara Cœli;* des monuments, des épisodes, des chapitres de mémoires, des compositions qui sont à la fois d'un peintre et d'un littérateur qui peignait et notait tout ce qui le frappait, sans parti pris, avec l'intuition de l'histoire; comme s'il avait eu la crainte de voir bientôt disparaître tout ce monde du Vatican.

Peu d'années nous séparent du jour où nous errions ainsi dans Saint-Pierre et dans l'immense alvéole; bien des fois nous y sommes revenus depuis; et tout ce que nous avions vu et observé le premier jour, tout ce qui avait défilé devant nous, ici fixé par un trait, sur nature, „dal vero", est devenu de l'histoire.

Ce monde s'est évanoui, ou du moins, ce qu'il avait d'extérieur, de visible et de frappant pour les yeux n'existe plus. Les formes pittoresques, que revêtaient, dans Rome même, les habitudes et les mœurs de la ville pontificale, sont aujourd'hui des formes historiques. Le Quirinal devenu Résidence Royale se dresse en face du Vatican.

Edmond About, qui déjà avait écrit *La Question Romaine*, à propos du beau livre de Francis Wey sur Rome, nous pressait, nous aussi, de tout voir, de tout noter, de braquer notre objectif sur tout ce que nous avions devant les yeux. „Avant dix années, écrivait-il alors, l'étranger qui ira voir la ville éternelle la trouvera percée, pavée, éclairée comme Paris, animée par la fièvre du commerce et de l'industrie, peuplée de gens d'affaires et d'ouvriers, surveillée jour et nuit par les sergents de ville, purgée de moines et de mendiants, dépeuplée des seigneurs, des prélats, des carrosses antiques qui faisaient les beaux jours du Corso, entourée de cultures maraîchères, de fermes en rapport et de ces petites propriétés mesquines qui attestent le progrès par le morcellement.

„La pompe des cérémonies religieuses y sera renfermée dans les églises; on ne répandra plus du sable jaune dans les rues en mémoire de la poudre d'or que Néron foulait aux pieds de ses chevaux, la sedia gestatoria reposera au fond d'un garde-meuble ou d'un musée, avec le couteau légendaire des Transtévérins,

Pont sur le Tibre.

la hallebarde des Suisses et le parapluie rouge des laquais.

„La pourriture éblouissante du Ghetto ne fourmillera plus au bord du Tibre; le fleuve jaune, dragué soigneusement et enfermé entre deux quais, sera sillonné en tous sens par des bateaux-mouches; un tramway suivra les remparts, avec station à la porte où Bélisaire mendiait une obole; les montagnards des Abruzzes ne dormiront plus en plein jour à l'ombre du palais Farnèse; leurs haillons radieux n'orneront plus les places et les fontaines, et d'ailleurs auront-ils encore des haillons? Plus de bénédiction des bestiaux devant l'église Saint-Antoine; plus de feux allumés, dans la nuit du 24 juin, sur la place Saint-Jean-de-Latran; plus de chariots parqués au Forum; plus de foins entassés sur la place de la *Bocca di Verità;* plus rien de ce qui donnait à Rome une beauté bizarre, archaïque, absurde si l'on veut, mais unique!

„L'impitoyable niveau du progrès va passer sur cette société, Rome ressemblera aux autres capitales; on y verra des crises ministérielles, des grèves, des omnibus, des journaux du soir, une petite Bourse, des parvenus, des déclassés, des bohêmes, un hôtel des ventes et un concours général."

Les Temps prédits sont arrivés; depuis le moment

où nous sommes venus là pour la première fois, nous y sommes revenus souvent, et jamais une fois sans trouver de changements dans les hommes et les choses. C'en est fait des pompes extérieures; la ville elle-même, jusque-là impassible, inattentive à la marche en avant des idées, aux efforts des générations vers le bien-être, à l'activité, à ce qu'on appelle ici-bas le progrès, a perdu peu à peu sa physionomie. La ville Éternelle est la capitale de l'Italie, et encore quelques années le voyageur cherchera Rome dans Rome même; la „via nazionale", qui demain arrivera jusqu'au Tibre, est un symbole, et l'auteur de „Rome au Moyen âge" Grégerovius cherche vainement les traces des Ruines dont il avait évoqué la splendeur passée. About ne croyait pas si bien dire; nous avons failli voir, singulier contraste avec le Forum encore debout, et avec le Panthéon, le Colysée et le Capitole, une exposition universelle en face des Thermes de Dioclétien et de Sainte-Marie-des-Anges!

Il n'y a donc pas un mot à retrancher des lignes prophétiques que nous venons de citer; ce qui était jeu de la plume, une rapide vision de l'esprit, est devenu une réalité, et il a fallu quinze années à peine pour que tout cela s'accomplît. Nos notes, prises alors au jour le jour, plutôt en peintre préoccupé du relief des choses que de leur signification morale, nous parais-

La Place du Capitole.

l'er Carità, Signori. — Mendiants sur l'Escalier de Saint-Pierre.

saient trop futiles en ce temps-là pour les livrer à la publicité; mais elles acquièrent tout d'un coup une valeur de document historique, car de toutes les représentations augustes que les historiens contemporains des faits essayent de faire revivre par des récits, elles disent justement tout ce que nous nous plaignons sans cesse de leur voir retrancher comme indignes de leur plume: le costume, le geste, l'attitude, et le cri poussé sur nature. Elles donnent enfin le relief et la vie, montrent le tableau dans son cadre, la scène dans son milieu, baignée dans son atmosphère, malgré nous, sans nulle préoccupation de composition, d'ordonnance et de pondération. Comme au cours de nos études littéraires, sur le XVe et le XVIe siècle italien, sur un concile de Ferrare, sur le jubilé de 1500, ou toute autre manifestation historique; nous avons vainement demandé aux documents des contemporains le reflet sincère des spectacles qu'ils avaient sous les yeux : nous ne devons pas laisser à l'état d'ébauches inutiles ces petites aquarelles littéraires, peintes au moment du concile œcuménique du Vatican; il nous semble qu'elles doivent avoir retenu un peu de l'émotion et de l'esprit de la chose vue, comme tout ce qui sort des mains d'un peintre assis sans arrière-pensée en face de la nature.

En Allemagne, en France, en Italie, des prélats ardents et convaincus, des docteurs, des théologiens, animés du zèle de l'Église, ou pénétrés de la nécessité de combattre ses empiétements, ont entassé des volumes sur le dogme alors proclamé; pour nous, notre royaume est de ce monde, nous n'avons fait que ramasser les miettes du concile, et flâner dans Saint-Pierre et le Vatican, le crayon à la main, curieux de ce qui est étrange et pittoresque, indigne peut-être de comprendre les grands mystères, mais toujours respectueux de tout ce qui est sincère, et, par conséquent, respectable.

La Via Appia.

CHAPITRE PREMIER

TRENTE DU CONCILE

SOMMAIRE. — Retour en arrière. — Préparation au spectacle du Concile. — Trente du Concile. — Aspect de la ville. — Ses monuments. — Ce que fut le Concile de Trente. — Son but. — Ses résultats. — Restitution des spectacles et des pompes du Concile d'après les documents. — Nos dessins. — Journal d'Antonio Milledonne, secrétaire des ambassadeurs de la Sérénissime. — Résumé rapide des faits qui s'y succédèrent.

Le Pape Pie IV.

C'est une tendance de notre esprit de chercher toujours à opposer aux spectacles des faits modernes ceux des faits analogues qui les ont précédés dans l'histoire. C'est à Trente que se tint le dernier concile; aussi, avant d'entrer au Vatican, sommes-nous venu à Trente pour essayer de reconstituer par l'imagination, dans son cadre même, les scènes du

Vue de la Ville de Trente du Concile.

fameux synode qui a laissé à la cité son nom actuel, „Trente du Concile".

Le voyageur qui se rend de Munich à Venise par le Brenner, néglige d'ordinaire la station de Trente; il a plutôt hâte de voir Vérone et Padoue; et de fait, s'il visite ces villes pour la première fois, il a raison de se hâter, car si Venise reste unique au monde, avec Tolède, Nuremberg, Constantinople, et Grenade; Vérone a cependant son prix; et Padoue, la ville des podestats, est un sanctuaire d'art plein d'attraits pour ceux qui sont épris de Mantegna et de Donatello.

Trente reste une cité pleine de caractère; dans la configuration géographique de l'Italie, elle s'enfonce dans la botte italienne comme un coin dans le bois, et présente cette singulière anomalie d'une ville autrichienne enclavée dans le royaume. On est surpris de trouver là l'uniforme blanc, d'entendre parler l'allemand dans un coin de la terre que son climat, son histoire et ses monuments sembleraient appeler à faire partie du domaine italien. On peut dire que la ville, qui réserve bien des surprises au voyageur, s'est conservée comme embaumée dans sa forme depuis le moyen âge et la renaissance; les monuments, les palais, les églises, les rues, ont gardé leur caractère d'autrefois; rien n'y heurte l'imagination, on peut la peupler de cette foule pittoresque propre aux temps anciens, et substituer aux abbés les moines hâves, aux officiers croates les reîtres allemands, les lansquenets, et les mercenaires des princes.

La voiture qui vous conduit détonne déjà dans ce décor; il faudrait la chaise à porteur, les haquenées caparaçonnées, les bannières flottantes, toute la mise en scène de ces temps fertiles en luttes et propices à toutes les violences.

Le Pape Paul III.

Nous arrivons à Trente au matin, la ville nous apparaît de loin avec ses tours carrées, innombrables vigies d'où, dominant la campagne, le veilleur aux aguets découvrait, dans leur attitude menaçante, les bandes armées qui s'avançaient contre la ville, commandées par ces aventuriers fameux auxquels Venise, Padoue, Florence élevèrent des statues de bronze, et que le génie d'un Donatello ou d'un Verrocchio a rendus à tout jamais immortels.

Trente du Concile est enfermée dans un justaucorps de murailles crénelées comme celles d'Avignon: le dôme, masse puissante, domine l'ensemble des maisons; sur une petite colline se dresse, dans sa force, une tour massive, enclavée dans les bastions qui défendent le palais, autrefois la résidence du prince archevêque.

C'était la dix-huitième fois que l'Église tout entière, représentée par ses princes, ses patriarches, ses primats, ses évêques, les chefs des ordres religieux, les abbés mitrés et les docteurs, se réunissait autour de son chef, le successeur de saint Pierre; quand Paul III, en 1545, convoqua le concile qui devait laisser son nom à la ville. Ce concile devait durer dix-huit années; Paul III l'avait décrété, Pie IV devait le clore. Une année à peine après la convocation, les Pères, dispersés par les troubles qui avaient éclaté en Allemagne, allaient se réunir à Bologne, et les séances étaient suspendues. Jules III les inaugurait de nouveau en 1551, mais les luthériens armés, commandés par Maurice de Saxe, s'avançaient pour les disperser encore; pendant huit années il fut impossible au chef de l'Église de réunir les Pères, fatigués d'une longue attente, découragés, ardemment rappelés dans leurs diocèses par les intérêts séculiers et pour la direction des âmes. Pie IV, décidé à achever cette œuvre con-

Le Pape Jules III.

sidérable avec l'appui des princes catholiques, parvenait à réunir encore une fois les membres dispersés, et en 1563, alors que dix-huit années s'étaient écoulées depuis le jour de la convocation première, ce pontife proclamait la clôture du Concile et promulguait les dogmes nouveaux qui constituaient son œuvre[1].

Nous nous installons dans un hôtel peint à fresque à l'extérieur et à l'intérieur, et de la plus pittoresque apparence. On y entre par un portail immense qui tient de la grange et de la salle des gardes; là, sont remisées des voitures de forme étrange, carrosses antiques à caisses jaunes décorées de devises galantes et de colombes qui se jouent dans des couronnes de fleurs, véhicules pesants dans lesquels il nous faudra sans doute monter quelque jour, si nous voulons retrouver les vestiges historiques des environs.

Ici tout a son caractère, et tout est curieux; mais nous ne pouvons pas nous attarder aux détails, il nous

---

[1] Cette œuvre du concile de Trente est à la fois dogmatique et politique; en ce qui concerne les dogmes, les États catholiques furent unanimes à les accepter; pour ce qui regarde les canons relatifs à la discipline, ils furent pour la plupart repoussés par les princes de l'Europe. La France et ses Parlements ne les admirent point; ceux-ci ne se trouvèrent point engagés, ils les déclarèrent contraires aux usages reçus, et attentatoires aux libertés de l'Église anglicane.

faut courir à l'objet de ce voyage. Tout d'abord nous nous mettons en relation avec les ecclésiastiques italiens les plus renommés par leur science de l'histoire, et on nous présente au bibliothécaire de la ville qui

Trente du Concile. — Palais du Prince Archevêque.

entasse devant nous d'innombrables documents en toutes langues. Le lecteur peut se rassurer, nous n'avons pour objectif que la partie pittoresque du Concile, et notre mission se borne à réunir les éléments nécessaires aux compositions dessinées qui pourraient nous permettre de présenter une *Restitution* des cérémonies dans le cadre même où elles ont été célébrées.

Tant de documents latins, italiens, allemands, nous donnent le vertige; nous commençons tout d'abord par nous munir de l'histoire du Concile, de Paolo Sarpi, nous la lirons à loisir. Courons d'abord les rues, les places, les musées, pour savoir s'il existe quelque tableau, quelque gravure, quelque relation dessinée qui dise plastiquement, et par le côté des illustrations, ce que furent les cérémonies, les processions, les séances, enfin les divers épisodes et incidents qui signalèrent ce concile de dix-huit années.

Après trois jours de démarche, nous apprenons qu'on ne connaît, comme document du temps, c'est-à-dire exécuté à l'époque même, par un contemporain, et sur les lieux, que deux choses: une gravure allégorique représentant l'intérieur de Sainte-Marie-Majeure, où eut lieu la première séance, et un tableau enfumé encore visible à droite du maître-autel dans la même église.

La gravure vient d'être mise en notre pouvoir, et n'est point intéressante; quant au tableau, il est noir comme l'enfer; dix fois depuis 1545 on l'a restauré avec frénésie, les noms de tous les assistants sont écrits en légende au bas de la toile, et, quel que soit l'état de dénuement dans lequel se trouve cette œuvre; elle représente cependant un document d'un certain intérêt.

Nous lisons Paolo Sarpi et nous cherchons là les faits plastiques, ceux qui prêtent à l'illustration; comme Trente n'a pas changé, comme les bibliothèques regorgent de renseignements et contiennent les portraits, les différents costumes attribués à chaque fonction et à chaque personnage historique, nous allons nous servir des fonds, qui existent, et placer les personnages dans le tableau. Le premier jour se passe à dessiner la vue de la ville de Trente dans son ensemble.

Trente est située dans une vallée d'une certaine élévation, sur la rive gauche de l'Adige; son château des princes-archevêques, rude résidence crénelée enfermant une tour de défense qui semble menacer la ville, domine toutes les constructions, au milieu desquelles, çà et là, s'élèvent encore d'autres tours. Dans cet océan de pierre, un *torrione*, carré, très élevé, rappelle par sa forme celui du palais vieux de Florence ou ceux des palais des podestats de quelques villes d'Italie, et les dômes couverts de tuiles vernissées d'un ton violent brillent au soleil. Le palais du prince-archevêque, étonnant spécimen d'architecture militaire, est dominé à son tour par de hautes montagnes nues, rocheuses, taillées comme des assises architecturales piquées de points blancs, masures éclatantes qui se détachent vivement sous le rayon qui les frappe.

Le lendemain, notre vue d'ensemble achevée, nous

nous mettons au point de vue, en bas du palais du prince-archevêque. Le légat de France, en grande pompe, se rendit chez lui, dès son arrivée: il entra dans la ville le jour de la Saint-Charles et visita le prince, suivi d'un cortège dont nous connaissons la composition; nous pouvons donc reconstruire la scène dans le cadre que nous avons ici sous les yeux.

Charles Borromée, Évêque de Milan.

Cette seconde tâche accomplie, nous entrons dans l'intérieur du palais; château-fort à l'extérieur, il représente à l'intérieur la demeure exquise et voluptueuse d'un prince de l'Église ami des arts. C'est un palais plein de fresques des grands maîtres, rempli de statues, d'œuvres d'art de toute nature, où nous pourrons aussi évoquer la scène de la réception décrite dans les documents. Le prince vient au-devant du légat de France, accompagné du fameux Amyot, le traducteur de Plutarque et de Charles de Lorraine; il est entouré de ses hommes d'armes. A l'heure où nous travaillons ainsi sous ce portique, que notre souvenir peuple de la foule des courtisans, des hommes d'Église et des hommes de guerre du seizième siècle, de petits soldats croates, avec le pantalon dans la guêtre et l'habit blanc, manœuvrent sous les ordres d'élégants sous-lieutenants, habitués du *Prater* de Vienne, qui regrettent leur ville bruyante et joyeuse. Ces Messieurs nous accueillent avec courtoisie ; les soldats, après l'exercice, viennent s'asseoir autour de nous en nous regardant travailler, et bientôt quand nous avons achevé notre rapide indication ; le commandant nous offre de nous conduire dans les chambrées, décorées aussi de belles fresques et de riches plafonds ornés de stucs. On regrette de voir abandonné à des soldats insouciants des choses de l'art,

Charles de Lorraine.

un ensemble architectural à la fois si délicat et si grandiose. Le palais des princes-archevêques est, au premier chef, un monument historique qu'il faudrait protéger contre les injures du temps et la malignité des hommes.

Le jour de l'ouverture du Concile, dit l'historien, le pape, les cardinaux, les princes, les ambassadeurs, les évêques, entendirent la messe à la cathédrale, puis ils appelèrent l'esprit du Seigneur sur leurs décisions. Le pontife, prenant alors un crucifix, célèbre par les miracles qu'il avait accomplis, traversa la superbe place du Dôme pour se rendre à Sainte-Marie-Majeure, où devaient siéger les pères et déclarer l'ouverture du Concile.

Cette place du Dôme, ainsi peuplée de ce monde de princes, de légats, de cardinaux, dut présenter alors un aspect des plus pittoresques ; nous esquissons le cadre où se passa cette grande scène en nous adossant à la boutique d'un brave cordonnier installé au rez-de-chaussée d'un vieux palais. Une vigne grimpe le long de la muraille, elle s'accroche aux lourds balustres de la terrasse, déborde jusque sur la place, son ombre bienfaisante nous abritera contre les rayons du soleil. La fille du brave homme nous tient compagnie pendant notre travail ; elle nous demande à chaque coup de pinceau ce que nous voulons représenter, et ne parvient point à s'en rendre compte. Le palais municipal que surmonte la tour carrée crénelée, avec sa grande horloge peinte en bleu, occupe la droite de la place; à l'angle s'élève une maison du XVe siècle, ornée de fresques d'un très beau caractère, et peinte depuis les portiques jusqu'au faîte. Au centre de la place une belle fontaine d'un style tourmenté, construite en marbre rouge bien coloré, et taché de

Intérieur du Palais du Prince-Archevêque. — Réception de l'Ambassadeur de France.

Ouverture du Concile de Trente. — Procession solennelle de la Cathédrale à Sainte-Marie-Majeure.

lichens qui rongent la pierre, fait jaillir ses eaux vives. La composition représente le triomphe de Neptune, la statue du Dieu marin portant un trident, pyramide au faîte, surmontant une lourde vasque à grands oves; les dieux de la mer, tritons, néréides et hippocampes lui forment cortège. Il y a peu de sites en Italie qui puissent lutter avec ce coin de la ville de Trente au point de vue du pittoresque! D'ailleurs, de tout le Tyrol et de toute l'Italie, sans en excepter la place aux herbes de Vérone, Trente est certainement la ville qui compte le plus de maisons peintes à fresque à l'extérieur: on y rencontre à chaque pas des œuvres considérables d'un certain Brusasorci qui, paraît-il, allait de ville en ville consacrant ses pinceaux à cette large besogne de la fresque exposée au plein air, travail qui exige une main preste, une vigueur peu commune et un tempérament très spécial. Mais à côté de ces larges compositions, peintes naturellement *de chic,* comme disent les artistes, on trouve aussi de nombreux spécimens de fresques de la fin du XVe siècle ou des premières années du XVIe; si elles ont moins fière allure, elles parlent plus au cœur par le caractère, le goût et les dispositions architecturales; en général ces œuvres, qui ont encore le caractères des *primitifs,* font mieux corps avec l'édifice.

C'est vraiment la ville des aquarellistes que cette

ville de Trente; les intérieurs très colorés sont d'une fantaisie d'ornementation outrée et les places, assez nombreuses, affectent un aspect inattendu. Les palais du XVI⁰ et du XVII⁰ siècle offrent une architecture ronflante; presque tous sont pourvus de bossages, de refends, de cariatides, de larges écussons portés par des *putti* pleins de mouvement et d'entrain. Le palais Sardagna, par exemple, est le type accompli de cette architecture privée, toujours monumentale et puissante, des XVI⁰ et XVII⁰ siècles. Quant aux palais des princes-archevêques, je n'y reviendrai point; mais il faut le regarder comme un des plus beaux spécimens d'architecture militaire; abrupt à l'intérieur, beau seulement par ses lignes et sa silhouette, il cache à l'intérieur une richesse pleine de noblesse, des détails exquis et des recherches d'un goût raffiné.

Le Concile de 1545 s'est tenu dans l'église Sainte-Marie-Majeure; bel édifice des premières années du XVI⁰ siècle, d'un extérieur simple et grandiose, plus simple encore à l'intérieur, mais qui offre une belle disposition architecturale grâce à un parti pris de larges arcades de marbre blanc coupé par des assises de marbre rose. Des souvenirs du Concile il ne reste là que cette grande peinture exécutée dans l'année qui suivit la clôture, sur le panneau droit du chœur.

Une Séance du Concile de Trente.

La toile n'a point d'intérêt au point de vue de l'art; comme nombre des compositions du temps, elle mêle l'allégorie au réel, car, au-dessus d'une représentation d'une séance de la congrégation, la Vierge plane dans le ciel, tenant le divin enfant dans ses bras, et semble exhorter les Pères à la modération.

L'ensemble des sessions tenues pendant tout le Concile de Trente, depuis le 13 décembre 1545 jusqu'à la clôture solennelle, qui eut lieu le dimanche 4 décembre 1563, ne dépassa pas le nombre de vingt-cinq. En trois années à Trente, on ne se réunit que huit fois; puis les circonstances politiques les ayant forcés à abandonner la ville, les Pères du Concile se réunirent deux fois seulement à Bologne. Revenus à Trente en 1551, on y resta jusqu'à la fin de 1552, et pendant ces deux années on ne siégea que quatre fois. Le Concile s'ajourna alors pendant dix années; il ne fut plus convoqué qu'en 1562, dans la même ville de Trente, où la clôture fut proclamée. A la fin de cette séance, dit Paolo Sarpi, on voua les erreurs et les hérésies aux imprécations et aux anathèmes.

Le sieur Antonio Milledonne, à côté des histoires générales du Concile de Trente, a rédigé pour les Vénitiens un journal resté inédit jusqu'en 1869, et publié par notre toujours regretté confrère M. Armand Baschet, l'auteur de „La diplomatie vénitienne", d'après le manuscrit de la bibliothèque de Saint-Marc. Secrétaire des deux ambassadeurs de la Sérénissime, Nicolo da Ponte et Matteo Dandolo, Milledonne assista avec eux aux séances depuis le 25 avril 1562 jusqu'à la fin de décembre 1563; il prenait des notes, ne tenait compte que des faits et non des discussions théologiques, et se bornait à enregistrer les résultats. Il déclare dans sa préface que si la magnificence du langage ne se trouve point dans son récit, du moins la vérité dans les choses y préside-t-elle: car il a toutes facilités pour les savoir. Moins heureux que Milledonne, nous n'avons pu qu'enregistrer au jour le jour, pendant deux mois, quelques échos du Vatican et les „cancans" sublimes recueillis sur place, mais toujours contrôlés par les récits des organes directs de la chancellerie pontificale. Nous pouvons toutefois nous approprier la dernière déclaration du secrétaire de la République. „Il n'y a point en moi, dit Antonio, de passion qui me puisse faire dévier de la vérité." Est-il besoin d'ajouter que le côté plastique des choses tiendra plus de place en nos récits que l'histoire solennelle. Nous allons donc surtout décrire au jour le jour ce que nous avons vu, lorsqu'en novembre 1869, une mission privée nous donna l'occasion de suivre, autant que faire se pouvait alors, les scènes pittoresques que devait offrir le concile qui allait s'ouvrir à Rome le jour même de l'anniversaire de la proclamation par le pape Pie IX de l'immaculée conception. Ce concile devait être clos à la fin de l'année 1870, la veille du jour où Rome subissait une transformation historique formidable, que cette dernière manifestation avait peut-être favorisée, mais dont l'issue de la guerre franco-allemande avait été certainement, sinon la cause, au moins l'occasion décisive.

CHAPITRE II

ROME PENDANT LE CONCILE

SOMMAIRE. — Convocation du concile œcuménique du Vatican. — Son but. — Son esprit. — Pour la première fois depuis l'origine des conciles les gouvernements de l'Europe ne sont pas représentés. — Communications diplomatiques à ce sujet. — Le marquis de Banneville, ambassadeur de France, recommande la prudence au saint-père. — Le concile a réussi au point de vue du nombre des représentants de la catholicité. — Statistique des Pères présents. — Les Australiens. — Les patriarches. — Les rits. — Le pape prévoit le cas où il mourrait pendant le concile. — Aspect de Rome au moment du concile. — Un salon diplomatique. — L'Hôtel *La Minerve*. — Les alentours du Vatican. — Les abbés français. — Croquis d'abbés de province. — Manifestations extérieures.

Panthéon d'Agrippa.

„ Le monde chancelle dans la nuit comme un homme ivre" a dit le pontife dans un document célèbre. Le moment est donc venu de remédier à tous les maux qui, menaçant la société, l'ébranlent, la sapent, et vont bientôt la détruire. Par une bulle pontificale datée du Vatican 29 juin 1868, et donnée sous l'anneau du pécheur, Pie IX a donc convoqué aux assises d'un concile œcuménique tous les représentants du monde catholique.

„Nous confiant, dit le saint-père, dans l'autorité du Dieu tout-puissant, Père, Fils et Saint-Esprit, et les actes de ses bienheureux apôtres, Pierre et Paul, autorité en vertu de laquelle nous accomplissons sur terre notre ministère; ouï le conseil et l'assentiment de nos vénérables frères les cardinaux de la sainte Église romaine, nous ordonnons par ces lettres, annonçons, convoquons et fixons le sacré concile œcuménique et général dans notre sainte cité de Rome pour l'an prochain 1869; lequel se tiendra dans la basilique du Vatican, commencera le 8e jour de décembre, consacré à l'Immaculée Conception de la vierge Marie, Mère de Dieu, se poursuivra, se terminera et s'accomplira avec l'aide de Dieu, pour sa gloire et le salut du peuple chrétien tout entier."

La même bulle montre le but à atteindre[1]; on dé-

---

[1] « Le concile œcuménique devra examiner avec le plus grand soin et déterminer ce qu'il convient de faire, en ces temps si calamiteux, pour la plus grande gloire de Dieu, pour l'intégrité de la foi, pour la splendeur du culte, pour le salut éternel des hommes, pour la discipline et la solide instruction du clergé régulier et séculier, pour l'observation des lois ecclésiastiques,

finira le dogme, on établira *la discipline,* et les décisions proclamées en assemblées générales lieront toutes les consciences chrétiennes. En tête des décrets promulgués au concile, on lira la formule: „Il a paru bon au Saint-Esprit et à nous..."

L'Église catholique tout entière, au moment où le concile va être convoqué, compte, d'après la statistique officielle du Vatican, mille quarante-quatre dignitaires qui ont le droit d'assister, comme „Pères du concile". La liste des „bons à assister" se subdivise ainsi: *cinquante-cinq* cardinaux — *onze* patriarches — *neuf cent vingt-sept* primats, archevêques, évêques et abbés *nullius* — *vingt-deux* abbés mitrés — *vingt-neuf* généraux d'ordres religieux.

A la date du 14 décembre 1869, c'est-à-dire huit jours après la séance d'ouverture, on compte, résidants ou venus à Rome, et réunis dans l'*„Aula conciliaris"*: *cinquante et un* cardinaux — *neuf* patriarches — *six cent cinquante-trois* primats, archevêques, évêques et

---

pour la réforme des mœurs, pour l'éducation chrétienne de la jeunesse, pour la paix générale et la concorde universelle. Il nous faudra aussi travailler de toutes les forces de notre esprit, et avec l'aide de Dieu, à délivrer de tout mal l'Église et la société civile, à ramener dans la voie de la vérité, de la justice et du salut les malheureux qui s'égarent. Enfin, nous devons réprimer tout vice et repousser toute erreur. »

abbés *nullius* — *vingt et un* abbés mitrés — *vingt-huit* généraux d'ordres religieux — soit *sept cent soixante-deux Pères du concile*.

Deux cent quatre-vingt-deux manquent donc à l'appel; comme, à un moment donné, ces abstentions pourraient être invoquées comme un argument par certains opposants, le premier soin de la vénérable assemblée sera d'examiner les causes des absences, de les admettre ou de les rejeter.

En dehors des Pères du concile, un certain nombre de docteurs et de théologiens, convoqués aussi par le Saint-Siège, sont amenés à Rome par leurs évêques.

Aux termes de ce que nous pourrions appeler le protocole du Vatican, le pape préside le concile; il est vicaire de Jésus-Christ, successeur du prince des apôtres, souverain pontife de l'Église universelle, patriarche d'Occident, primat d'Italie, archevêque et métropolitain de la province de Rome et évêque de Rome. Les cardinaux viennent après lui et l'entourent immédiatement; les patriarches sont les troisièmes dans la hiérarchie, puis viennent les métropolitains, les évêques, les abbés nullius, et les généraux d'ordre. Entre ces derniers, c'est la date de la consécration qui fixe la préséance.

La langue latine est la seule admise à la tribune du concile; pour les rapports habituels, en raison de la

Entrée de l'« Aula Conciliaris ».

multiplicité et de la confusion des langues, un nombre considérable d'interprètes sont attachés au concile.

Le concile est secret; pour la première fois depuis des siècles, l'élément séculier, représenté d'ordinaire par les ambassadeurs des puissances, n'aura pas ici sa place marquée. Le ministre des affaires étrangères du gouvernement français, dès la convocation, a porté la question aux conseils des souverains, et la décision a été prise de ne point insister pour réclamer le droit de présence.

„Le saint-père (a écrit le prince de la Tour d'Auvergne aux représentants de la France auprès tous les souverains et gouvernements étrangers) n'a pas jugé à propos de faire appel au concours direct des gouvernements catholiques et ne leur a point adressé, comme aux temps passés, l'invitation de s'y faire représenter..." Il constate que dans les conciles antérieurs, les souverains avaient leur place marquée d'avance, ils étaient conviés à y participer, soit en personne, soit par leurs envoyés. Les ambassadeurs siégeaient même parmi les membres du clergé; et souvent ils exerçaient sur la marche des délibérations une action considérable.

Mais, une telle résolution, paraît-il, présenterait aujourd'hui bien des dangers; ce qui était naturel dans un temps où les questions de l'ordre civil se confondaient souvent avec celles de l'ordre religieux, n'a plus aujourd'hui sa raison d'être; car la liberté de conscience, qui est le principe du monde moderne, a modifié la situation. „ Le gouvernement de Sa Majesté verrait aujourd'hui de sérieux inconvénients dans l'usage du droit de siéger au concile. Son intervention pourrait avoir pour résultat de l'engager dans des débats pénibles sans lui donner la certitude de faire prévaloir ses avis, elle l'exposerait à des conflits qu'il ne pourrait la plupart du temps éviter sans encourir les plus vives responsabilités ". La conclusion du diplomate est donc toute à la satisfaction du Vatican. Cependant, plus d'un mois avant l'ouverture, l'ambassadeur de France à Rome, le marquis de Banneville, se conformant aux instructions de son chef, qui ne renonce pas à exercer l'influence modératrice de la France par le moyen de ses représentants ordinaires, au lieu de députer à cet effet un mandataire spécial, a demandé et obtenu pour le 5 novembre une audience du pape. Autant que le permettent les circonstances, dans un langage tout courtois et tout diplomatique, l'ambassadeur a recommandé au saint-père une excessive prudence. Tous les gouvernements du monde ont accepté la façon de voir du gouvernement français et, malgré quelque résistance des cours du Nord, les souverains font contre fortune bon cœur.

On restera donc en famille au Vatican; cependant on nous montrera, dans le plan de l'„Aula conciliaris" les bancs réservés d'abord aux représentants des souverains et des gouvernements étrangers, ce qui prouverait que, dès le principe, la question de les y convoquer avait été agitée.

A l'heure dite, les représentants de la catholicité de tous les points du monde se sont dirigés vers Rome; et comme nous l'avons dit, on compte à la veille de l'ouverture sept cent soixante-deux prélats ayant droit de siéger, sur le nombre de mille quarante-quatre qui sont inscrits.

On assure que le saint-père est dans la jubilation; il dit „ mon concile " et s'applaudit de voir l'Europe, divisée par l'hérésie et le schisme, représentée au Vatican par le Danemark, la Suède, la Norvège, la Hollande, la Suisse, l'Écosse et l'Irlande. Nombre d'évêques allemands, ceux de la Prusse et de la Saxe, sur lesquels on ne comptait point, sont venus; et tous apportent leur tribut et versent au trésor des sommes considérables. En dix années, de 1859 à 1869, le denier de Saint-Pierre a produit cent millions. Aujourd'hui l'Australie, à peine née au catholicisme, envoie les prémices de sa piété; elle apporte son tribut en or vierge, et on va frapper les médailles du concile distribuées à tous les Pères avec ce précieux métal, gage de foi de cette colonie naissante. Rassemblés autour du trône pontifical, Pie IX voit donc les missionnaires de la Chine, ceux du Japon, des Indes, du Thibet. Quelques-uns d'entre eux portent les traces du martyre, car ils vivent sans crainte au milieu du paganisme le plus sombre, et d'autres suivent dans leurs constantes migrations les hordes voyageuses de la Tartarie qui obéissent au grand Lama. Aux temps les plus brillants de l'Église, jamais la catholicité n'a vu tant de peuples divers représentés à ses grandes assises. L'Église sœur, l'Église d'Orient est au complet, et les sièges qui ne sont pas représentés au concile sont des sièges vacants. Les patriarches d'Alexandrie, d'Antioche, de Jérusalem, de Constantinople, de Babylone, de Cilicie, celui des Indes occidentales se groupent autour des patriarches d'Occident; celui de Lisbonne et celui de Venise, qui incarne en lui le fameux

Évêque américain.

patriarcat d'Aquilée, sont aussi présents; enfin tous les rits de l'Orient, l'arménien, le copte, le rit grec, le rit syrien, les melchites et les syro-maronites, viennent se rallier au rit latin et au rit romain.

Malgré les abstentions ou les vacances de sièges qui réduisent à ce chiffre de sept cent soixante le nombre des Pères du concile, qui pourrait dépasser le nombre de mille, l'Église pourra donc faire prévaloir ses vues avec autorité. A la veille d'ouvrir le synode, le pape prévoit le cas où la mort, qui viendrait le

Évêque arménien.

frapper, l'empêcherait d'achever son œuvre. Le droit d'élire son successeur, s'il mourait en plein concile, serait alors exclusivement réservé, comme d'ordinaire, au sacré collège; et le nouvel élu poursuivrait la tâche commencée. Cette disposition rencontre, dit-on, quelques objections; les étrangers protestent et font observer que l'Italie, depuis Adrien VI, fils d'un tisserand d'Utrecht (Florent), élu en 1522, a donné à la catholicité trente-sept chefs italiens, sans faire leur part aux autres églises. Cet Adrien VI d'ailleurs n'a pas encouragé le collège des cardinaux dans sa libéralité à l'égard des étrangers. C'est lui qui, en face des merveilleuses statues antiques trouvées au sein de la terre, exposées à l'admiration publique, se scandalisait si fort, et gourmandait les enthousiastes en disant qu'il ne voyait là que les idoles des païens. C'était d'ailleurs un fort honnête homme qui, en face des mœurs apportées au Vatican par Innocent VIII (Cibo) — qui était Génois, Alexandre VI (Borgia) — qui était de Valence, et le vénérable Pie III (Piccolomini) — qui était de Sienne comme l'illustre Pie II: se scandalisa fort, et tenta des réformes qui contrarièrent vivement alors les habitudes romaines.

Évêque maronite.

L'immense concours de vingt mille pèlerins venus à Rome pour le concile n'a pas sensiblement modifié l'aspect de la ville; rien, au premier aspect, n'annonce au voyageur ce que les organes catholiques appellent „l'immense événement". Le mouvement des rues est un peu plus pressé, le *Corso* plus tumultueux, et la promenade du Monte Pincio un peu plus suivie. Quand on visite les monuments, les musées et les galeries, les groupes d'étrangers sont plus compacts et les soutanes noires plus nombreuses qu'à l'ordinaire; mais on sent que Rome, avec ses vastes places et ses constructions énormes, est faite pour les manifestations grandioses, et peut supporter, sans que sa physionomie en soit altérée,

Évêque de Constantinople.

un concours beaucoup plus grand encore. Ce n'est guère qu'aux abords du Quirinal et dans la cité Léonine, de l'autre côté du pont Saint-Ange, dans la rue, dans le Borgo, aux alentours du Vatican, qu'on voit fourmiller la vie. Là on se ressent davantage de la présence des hauts représentants du monde catholique venus de tous les points de l'univers. Au cœur de la ville même les hôtels sont combles; la plupart des petits bourgeois de Rome qui disposent de quelques chambres, les ont louées à des ecclésiastiques; à *la Minerve*, où nous descendons le premier jour sans nous être rendu compte à l'avance du caractère spécial de l'hôtel : on se croirait dans un vaste séminaire agité comme une ruche en travail. Tout un monde de pèlerins laïques, des membres de la Société de Saint-Vincent-de-Paul, des abbés, français pour la plupart, sont là groupés, actifs, militants, passionnés dans le propos, légèrement provoquants, animés comme des politiques un jour d'élection, très au courant de toutes les démonstrations et cérémonies, et renseignés sur les personnalités des Pères du concile. En quittant la France, ils ont fui une société perverse, un monde profane; ici, près du Vatican, à la veille d'une manifestation sublime, on les sent prêts au combat, et peut-être au martyre : mais ce n'est pas le cas. A côté d'eux, les pèlerins laïques, convaincus, venus au concile comme à une fête de la foi longuement attendue, par les habits, par le geste, par la tenue, semblent appartenir en même temps à la société civile et à la société religieuse. Ils recherchent les abbés les plus ardents, font publiquement les démonstrations de leur culte, confessent tout haut leur foi à table d'hôte, et embarrassent les voyageurs venus en touristes ou en philosophes, et qui, dans leur ignorance des choses de

Intérieur de l'Église de Jésu.

Rome: se sont égarés, par hasard, dans cette succursale confortable du *Jésu* leur Église habituelle.

Le théâtre de la grande manifestation religieuse qui ne s'est point accomplie depuis plus de quatre siècles, sera la basilique de Saint-Pierre. Nous ne serons appelés à voir que les cérémonies publiques. C'est dans le palais du Vatican lui-même, secrètement, à l'abri des regards profanes, que s'accomplira l'œuvre pratique; et elle nous échappera complètement. Il ne nous sera donné de voir les personnages qui vont jouer ici le principal rôle, que dans les manifestations publiques, splendides par le relief, par la pompe, par les costumes, par la grande idée qui plane sur ce déploiement colossal, et par le concours énorme des pèlerins, venus de toutes les parties du monde; uniques enfin par le prestige invaincu et invincible qui s'attache au trône de Saint-Pierre. Rome, d'ailleurs, a le privilège de ces solennités sans secondes, de cet apparat fastueux, imposant et tranquille; la mise en scène (pour employer le mot profane mais juste) s'y déploie sans effort, elle est le complément naturel de cette architecture grandiose, en disproportion avec l'homme qui l'habite, de ce cadre où tout tableau, si colossal qu'il soit, paraît encore insuffisant et vide.

Les manifestations extérieures sont localisées dans

le Vatican; à peine une fois ou deux à Saint-Jean-de-Latran, à Sainte-Marie-Majeure, quelque cérémonie à laquelle assistent un certain nombre de Pères du concile, donne-t-elle l'occasion de constater leur présence; mais si on suit le monde (et à Rome il est indispensable de se mêler à ce mouvement), nous aurons souvent la bonne fortune de rencontrer, sinon les célébrités romaines, qui sont de leur nature assez casanières, au moins les grandes personnalités du concile.

Dans les salons diplomatiques, dans les *Ricevimenti* des princes romains, les Pères se mêlent volontiers aux réunions mondaines; et les patriarches, les primats étrangers, venus des confins du monde, sont les „lions" de la ville éternelle. C'est un piquant spectacle de voir mêlés aux femmes de la société, sous les somptueux lambris, à l'éclat des lustres, au bruit des orchestres, ces cardinaux, ces évêques et ces moines. Chez notre ambassadeur, le marquis de Banneville, quelques jours avant l'ouverture du concile, nous comptons jusqu'à quatre-vingts Pères, tant romains que français et étrangers. Mais comme dans les salons des chancelleries qui les rassemblent au soir des congrès, ceux qui y ont assisté évitent de parler politique, rien ici ne transpire des graves préoccupations des diplomates pourprés. L'agent le plus fin, l'observateur le plus attentif, la princesse la plus séduisante et la plus curieuse; ne parviennent point à arracher une allusion discrète à ces hôtes mitrés; et leurs coadjuteurs, assistants ou secrétaires, abbés fins et polis, très réservés et pleins d'humilité, répondent avec un enjouement mondain digne de nos attachés d'ambassade aux charmantes impertinences des jolies curieuses qui essayent de les séduire.

La société romaine peut être blasée sur ces réunions mondaines auxquelles l'élément qui s'y mêle aujourd'hui donne encore un cachet spécial et unique; mais c'est la dernière génération à laquelle il sera donné d'y assister. Dans de hautes salles de noble allure, coupées au tiers de la hauteur par de grandes fresques aux tons éclatants, au palais Colonna, à Farnèse, chez les Doria ou chez les Barberini, s'agite une foule élégante, confuse, riche en oppositions des tons les plus vifs et des plus piquants contrastes; et, à chaque pas, les groupes se composent, se dissipent et se recomposent. Les cardinaux romains, avec les bas rouges, la lévite noire à ganse écarlate tombant jusqu'aux genoux, la double chaîne d'or au cou, la tête blanchie, coiffée de la petite calotte rouge, et cette physionomie fine qui leur est propre; ceux-là même que Ferdinand Heilbuth nous a peints dans *la Rencontre au Monte Pincio*, encadrés ce soir entre deux élégantes; en ton mineur, et d'une façon voilée, causent doucement, tandis qu'un patriarche d'Orient, à longue barbe blanche, jouant avec la chaîne de sa grande croix pectorale, comme un arabe roule entre ses doigts sa „patience", la voix grave, et l'œil vif, le geste lent: scande une phrase galante adressée à une patricienne. Les uniformes éclatants se mêlent aux dalmatiques austères aux larges plis; les évêques violets et les Chaldéens voilés coudoient les Bulgares au chef couvert d'une étoffe sombre, ils se tiennent debout devant des dames aux robes à traîne, s'efforçant de couvrir de leurs éventails ces seins qu'un Père du concile „ne saurait voir", et ne répondent que par interprète aux compliments fleuris des exotiques.

Mais un grand coup vient de retentir sur les dalles de la salle des gardes; et un prince de l'Église vient d'entrer: le maître des cérémonies s'avance au-devant de Son Éminence, il s'incline en lui baisant la main, et lui demande son nom: de jeunes abbés, camériers et suivants, l'espoir de l'Église, l'accompagnent à distance, comme des aides de camp. L'attaché d'ambassade, aux aguets à la porte, s'élance, il ramène l'ambassadeur qui ébauchait une banalité distinguée au milieu d'un groupe choisi. Son Excellence s'excuse d'un geste auprès de ses nobles interlocuteurs, il vient au-devant de l'Éminence, courtois, affable, respectueux et plein de sourires; ses yeux cherchent l'ambassadrice dans la foule, pour l'appeler à son secours et la présenter: Elle arrive, fait d'abord au prince de l'Église une belle révérence de cour, puis, un peu cavalièrement, lui tend la main, à l'anglaise, et disparaît bientôt dans la foule qui s'ouvre sur son passage. La réception bat son plein; le flot élégant déferle, la confusion règne, un joli brouhaha de bon ton, fait de bruits d'éventails, de frou-frou de soie, d'aimables interjections et de confuses rumeurs, accompagnés en sourdine d'échos voilés d'instruments de musique, remplit les salons; de temps en temps, au milieu d'un de ces silences inattendus qui se font subitement dans les foules (quand „passe un ange", au dire des Français, et quand *„nasce un frate"*, au dire des Italiens), la voix de l'introducteur s'élève, jetant le grand nom sonore d'un patricien de Rome aux échos du Palais.

Mais c'est aux alentours du Quirinal, dans Saint-Pierre et dans le Vatican lui-même, dans les cours, dans les couloirs, dans les antichambres et les salles, qu'il faut errer pour assister à ces manifestations pittoresques qui sollicitent à chaque pas le pinceau du peintre. Le palais pontifical est devenu un caravansérail hospitalier pour nombre de cardinaux étrangers, d'archevêques, de patriarches et de primats, qui sont les hôtes directs du pape. Un grand nombre de Pères du concile (ceux qui appartiennent aux ordres religieux par exemple) ont élu domicile dans les couvents et les maisons sœurs, et dans les communautés; un plus petit nombre habite la ville et les hôtels. Errant des heures entières dans la résidence pontificale, flânant avec délices sans but arrêté, esquivant ou forçant des consignes, résolu à voir et à entendre le plus possible, nous avons assisté là à des scènes épisodiques sans nombre, saisi sur le vif bien des regards, deviné bien des intentions, pénétré bien des désirs, fixé bien des attitudes, et surpris bien des passions en jeu. Qui pourrait se figurer l'ardeur avec laquelle, dans une circonstance, unique dans sa vie et dans un siècle, un petit prêtre de campagne, qui est venu ici en économisant sou à sou, sur son maigre budget, la somme nécessaire à son voyage: s'efforce, à la fois ambitieux et fervent, d'obtenir un regard d'un cardinal, son chef spirituel et temporel, qu'il n'a jamais pu approcher dans son diocèse. Ici, il le voit passer, étranger comme lui, et par conséquent plus proche, isolés tous deux à trois cents lieues de la patrie? Qui saura peindre la nuance indéfinissable que prend la physionomie de l'humble desservant de province au moment où, ayant obtenu un mot de souvenir, un regard du prince de l'Église, son supérieur, son compatriote et son protecteur, il va rejoindre le groupe de curés, ses voisins de clocher, pèlerins comme lui, moins favorisés ou moins ardents à „se pousser dans le monde".

Le nombre des prêtres français venus à Rome pour suivre le concile est considérable; on dit que ce sont eux qui se sont montrés les plus actifs. On les voit à toute heure, en tout lieu, dans la Rome antique, dans les églises, dans les sanctuaires, aux catacombes. Dans le seul restaurant établi dans le palais Ruspoli, un soir à l'heure du dîner, nous avons compté cent vingt abbés de nationalité française. Tous ces prêtres, intelligents, instruits, remuants, désireux d'arriver; par l'activité qu'ils déploient, opposée à l'indolence italienne; donnent une haute idée de notre race: ils admirent les pompes avec religion, avec candeur peut-être, mais ils sont toujours heureux de se mêler à des princes de l'Église, et de frotter leur soutane noire à la pourpre cardinalice.

Dans le nombre, quelques vieux curés de village de la Bretagne ou du Midi, croyants sans arrière-pensée, âmes charitables et douces, innocentes et candides, ne voient dans le concile ni politique, ni théologie, ni controverse: ils vont au saint-père comme on va à Dieu. Nous avons vu leurs yeux se mouiller de larmes, en reconnaissant, exposées dans la Bibliothèque Vaticane parmi les adresses envoyées au pape pour sa messe d'or et ses cinquante ans de prêtrise, celles qui portaient le nom de leurs diocèses, et contenaient le nom de leurs ouailles. C'est à ces prêtres-là qu'appartient le royaume des cieux; et on est heureux de reconnaître que le clergé français, dans sa moyenne, est le plus moral, le plus instruit et celui dont la tenue est la plus digne et la plus méritoire.

CHAPITRE III

SÉANCE PROSYNODALE ET SÉANCE D'OUVERTURE

Sommaire. — Séance prosynodale dans la chapelle Sixtine. Séance d'ouverture du Concile. — Programme de la cérémonie. — La procession vue de l'Atrium. — L'intérieur de Saint-Pierre. — La statue de bronze de saint Pierre le jour du Concile. — L'Aula conciliaris. — Description. — Cérémonial de la séance publique. — « Exeant omnes..... ! » — Proclamation de l'ouverture. — Serment d'obédience. — La pluie. — La Jettatura. — Opinion d'un correspondant relative au désordre des éléments.

Basilique de Saint-Jean de Latran.

La séance, dite *prosynodale,* précède l'ouverture du Concile; le saint père reçoit le serment du secret des quarante-deux officiers majeurs du synode, fonctionnaires nommés d'avance par le Pontife, qui ne siégeront pas comme Pères, mais dont l'assistance est indispensable. Ce sont les interprètes, les abréviateurs, les rédacteurs apostoliques et sténographes, les questeurs du concile et autres fonctionnaires. La cérémonie a lieu dans la chapelle Sixtine; pour la première fois nous avons l'occasion de voir défiler devant nous ceux des Pères qui, ne logeant point dans le Vatican, y arrivent par la *Scala Regia*. Quelques privilégiés ont obtenu de stationner dans la *Salle royale,* et pourront même pénétrer dans la Sixtine quand les formalités de l'élection seront accomplies. L'assemblée réunie dans cette grande salle d'honneur est déjà unique au point de vue du caractère; nous sommes entrés par la place et la colonnade du Bernin, nous avons gravi l'escalier d'honneur auquel on accède par une première pente douce, sans marches, destinée sans doute à faciliter l'ascension des porteurs lorsque dans les grandes occasions le saint-père pénètre dans la basilique assis sur la sedia gestatoria. C'est sur ce premier palier que s'élève la statue équestre de Constantin, destinée à faire perspective à l'extrémité de l'atrium inférieur de Saint-Pierre. Cet escalier superbe, œuvre du Bernin entreprise sous Alexandre VII, est fait pour ces développements des pompes pontificales, il est à deux rampes; la première, flanquée de belles colonnes ioniennes isolées, offre de loin une belle perspective; la seconde est surmontée de pilastres sur lesquels s'appuie la retombée de la voûte parallèle à l'inclinaison des marches et qui présente, en raccourci, les lourds caissons qui la décorent.

La *Salle royale* sert de colossale antichambre à la Sixtine en même temps qu'à la *Salle ducale;* elle a gardé tout le cachet du temps de sa construction, qui remonte à la première moitié du XVIe siècle. Riche et touffue, son ornementation est bien dans le caractère des œuvres *ronflantes* d'Antonio de San Gallo; Pierino del Vega et Daniel de Volterre ont décoré les voûtes de stucs d'un beau relief; le plafond, divisé en grands caissons, porte des écussons énormes aux armes des Pontifes. On sent que cette grande salle est faite uniquement pour les concours superbes et les assemblées de gala; tout autour règnent des bancs, sur lesquels sont assis les valets des cardinaux, chargés

Valet de Cardinal.

de pelisses, de parapluies rouges, de chapeaux, de coussins et d'accessoires pittoresques; des abbés, des huissiers, des appariteurs, des moines, attendent les prélats qu'ils ont accompagnés. Les parois inférieures sont couvertes jusqu'à grande hauteur de belles boiseries incrustées de marbres de diverses couleurs, et tout autour des quatre faces, entre le riche soubassement de marbre et la frise des stucs du plafond, se déroulent de grands sujets peints à fresque, représentant les faits les plus saillants de l'histoire du pontificat. Ce n'est plus la noble simplicité des architectes du XVe siècle italien, mais la richesse un peu tumultueuse du XVIe. Vasari, le Zucchari, Marco de Sienne, Salviati, Girolamo Sicciolante, Lorenzino de Bologne, tous peintres de second ordre, mais aux grands mouvements et aux belles silhouettes décoratives, ont signé les sujets dont les inscriptions se lisent au-dessous de chaque composition.

Pour le moment on circule à l'aise dans ce vaste vaisseau; la foule laisse un espace vide entre la porte qui s'ouvre sur la „Scala regia" et la lourde draperie qui nous cache l'entrée de la Sixtine. Nous voyons entrer les cardinaux, les patriarches, les primats, les évêques, les chefs d'ordre, les abbés mitrés, venus de tous les points du monde, avec leurs costumes nationaux, leurs types bizarres, leur accent particulier, et leur langage distinct. Personne ici ne connaît personne ; les abbés les plus futés, les plus excités sur ce spectacle, qui font la haie comme nous, ne peuvent point nous renseigner sur les personnalités étranges qui passent devant nos yeux.

Celui-ci, vêtu d'une gandourah lamée d'or, vient de Bethléem, et garde les lieux saints ; celui-là, Mgr Tobie, maronite vénérable, vient de Syrie ; il ressemble aux moines contemplatifs des couvents du mont Athos. Voici un Mésopotamien, mineur conventuel, qui a pour crosse un bâton recourbé comme les pasteurs ; derrière lui vient un patriarche de Jérusalem, qui aurait pu poser pour un Abraham du Guerchin.

Ces Orientaux graves, que nous pourrons peindre sur leur banc le jour de la séance prosynodale, habitués aux façons des grands chefs de tribus des peuples d'Orient, apportent, dit-on, dans les relations avec la cour pontificale, une dignité qui n'est pas toujours compatible avec les rits de la cour pontificale.

Un de nos compagnons, qui a assisté aux cérémonies du centenaire, nous fait remarquer que lorsque leurs fonctions dans les divers offices les ont appelés à s'asseoir sur les degrés du trône, ils ont décliné la fonction. Cette preuve d'indépendance n'est point la seule qu'ils aient donnée. Lorsque le pape officie pontificalement à Saint-Pierre, c'est la coutume qu'un patriarche tienne le bougeoir près du missel. Cette année, cette fonction avait été offerte, quelques jours avant la fête de Saint-Pierre, à un patriarche oriental. Le prélat s'est fait expliquer de quoi il s'agissait, et dès qu'il a bien compris l'attitude exigée par le rit, il a nettement refusé de tenir le bougeoir au pape en disant que cet office convenait à un clerc et non à un patriarche. Les maîtres des cérémonies en ont alors référé au Pontife, et celui-ci, qui a le juste sentiment des circonstances, n'a point insisté et a dispensé dorénavant les patriarches, à quelque rit qu'ils appartiennent, d'une formalité qui pouvait les choquer dans leur dignité.

Que de contrastes dans ces types divers! Que d'oppositions, entre la finesse du Romain à tête grise, l'ascétisme monacal du chartreux, et la rudesse de ce pasteur arabe, dont les ouailles sont disséminées dans le désert, et qui vit sous la tente. La noblesse naturelle de l'Oriental n'emprunte rien aux gestes appris des abbés de cour et des prélats de chancellerie; elle surpasse cependant en vraie distinction l'attitude toute mondaine et toute de race du prince de la Tour d'Auvergne, que nous reconnaissons au passage. Voici venir aussi, derrière ces exotiques, le prince de Schwartzenberg, magnifique prélat d'une grande tournure aristocratique, archevêque de Prague, membre

Séance prosynodale dans la Chapelle Sixtine.

de la Chambre des seigneurs, cardinal de la création de Grégoire XVI, qui fut évêque de Salzbourg à vingt-sept ans, et cardinal à trente-trois, comme on l'était au temps de Médicis. Le prince semble vivement attirer l'attention de la foule; on le nomme tout haut et on le montre du doigt. Il sera, dit-on, un de ceux qui exerceront une action sur le synode. Ses traits sont réguliers, sa physionomie est douce et ses manières sont aisées et simples. Sa fortune est énorme : on raconte qu'il peut voyager en poste sur ses terres pendant trente-six heures sans sortir de ses domaines. Il a soixante ans à peine, passe pour exercer la charité avec une magnificence sans seconde, et, docte autant que discret et charitable, il inscrit ses aumônes en hébreu sur son livre de raison, afin que personne ne pénètre le secret de ses libéralités.

A l'entrée de la chapelle les gardes nobles font le service et les camériers reçoivent les prélats; la mêlée peu à peu augmente; mais nous sommes récompensés des longues heures d'attente qu'on nous a imposées par le singulier spectacle que nous avons sous les yeux. Nous coudoyons des évêques qui ressemblent à s'y méprendre à des mandarins; pendant un séjour de trente années en Chine, ils ont pris les gestes, les habitudes et jusqu'aux traits des habitants de l'extrême Orient. Les Hongrois sont là, bottés, couverts de fourrures, moitié prélats, moitié magyars, suivis de chasseurs à pelisse bleue, à brandebourgs d'or, portant leurs manteaux. Les lazaristes, à la robe traînante, à longues barbes noires, les Arméniens, les Chaldéens, les Persans se confondent, mêlés aux costumes de la cour de Rome : Erzeroum, Alep, Diarbekir, Antipatros, Mélitène, Carputh, Amadia, Hon-Kong, Nankin, Pékin, Balbek ont répondu à l'appel du Vatican.

Un abbé futé, qui se trouve à mes côtés et qui semble au fait des choses, assure que Mgr Dupanloup, qu'on cherche parmi les arrivants, n'a pas encore paru ; que le cardinal-archevêque de Bordeaux siège encore au Sénat, et que le cardinal de Bonald ne viendra pas.

SÉANCE D'OUVERTURE DU CONCILE

La bulle de convocation indique le mercredi 8 décembre, jour de la fête de l'Immaculée Conception, comme la date de l'ouverture solennelle du Concile. Autant qu'on peut savoir à l'avance l'ordre, la marche et le cérémonial des choses du Vatican (car tout ici est enveloppé de secret), voici quelles sont les dispositions prises pour la cérémonie. Les Pères du concile, partis des divers points de la ville, ou venus du Vatican s'ils y ont leur résidence, se rendront individuellement à la basilique. Dans les vastes chapelles à main droite, à l'entrée de Saint-Pierre, converties en vestiaires et sacristies, ils vont revêtir d'abord les ornements conciliaires, et de là monter dans l'immense atrium supérieur, d'où le Pontife, le jour de Pâques, donne la bénédiction *urbi* et *orbi*. A huit heures et demie du matin le pape s'y rendra à son tour; il sera reçu à l'entrée par le doyen du sacré-collège, s'agenouillera au pied de l'autel provisoire qu'on a dressé, et entonnera l'hymne „Veni Creator" qu'achèveront les chanteurs de la chapelle pontificale. Le maître des cérémonies de la cour pontificale ayant donné à chacun son rang, le cortège, aussitôt formé, descendra par la scala regia. Au palier, le Pontife monté sur la sedia, soulevée à la hauteur des épaules par les porteurs, fera son entrée solennelle par la porte qui s'ouvre en face de la statue équestre de Constantin et qui donne accès à l'atrium de rez-de-chaussée de la basilique. Enfin, la procession ayant défilé dans l'ordre hiérarchique, au seuil de Saint-Pierre même, les porteurs abaisseront la sedia, et le Pontife entrera à pied dans la basilique.

Tout se passera avec un ordre parfait suivant le programme annoncé à l'avance, sous la direction d'invisibles et parfaits maîtres des cérémonies.

Dès le point du jour, venue des alentours de Rome, des villages au faîte des cîmes, de l'Italie tout entière, on peut presque dire du monde entier, une foule énorme, composée surtout d'Italiens, d'Anglais, de Russes, d'Allemands, de Français et d'Espagnols, se presse dans cet atrium et essaye de s'y maintenir pour assister au spectacle; elle est maintenue par deux lignes de lansquenets qui laissent libre le chemin à parcourir. Du côté gauche de la place, opposé à celui par lequel le pontife entrera dans l'atrium, des masses profondes, houleuses comme les vagues d'une marée montante, font constamment irruption, s'engouffrant par la porte latérale de la basilique afin d'y prendre place avant l'entrée du saint-père.

Nous sommes venu nous-même dans le vestibule, et nous nous y maintenons, protégé par la saillie de deux gros pilastres comme par une barrière de marbre, et voyant passer devant nous ce flot mouvant qui, depuis plusieurs heures, n'a pas cessé un instant de battre les murs de l'église et de déferler dans l'enceinte. On se demande où cette foule innombrable pourra trouver place. Le vaisseau est incommensurable; il est comble cependant, et de temps à autre un cri de détresse, s'élevant de cette houle, signale un sinistre, un évanouissement, un malaise; et c'est un combat pour fendre le flot; on soulève la victime, elle passe au-dessus des têtes, et on la porte à l'air libre.

Le canon du fort Saint-Ange tonne depuis une

heure; la place, au dehors, est noire de spectateurs comme au jour de la bénédiction papale; en dehors de la belle courbe des portiques du Bernin, stationnent des milliers de voitures, et du haut des marches de l'atrium nous dominons un océan de parapluies; car, depuis le lever du jour, la pluie tombe, lente, froide, sans interruption. De temps à autre, cependant, un grand coup de soleil, bientôt dissipé par de lourds nuages, fait vibrer toutes ces couleurs éteintes par une atmosphère humide.

Il est dix heures et demie, toute la première partie de la cérémonie, invisible pour nous, s'est passée selon les rits. Au-dessus de nos têtes, dans l'atrium supérieur, le cortège pontifical s'est formé et une rumeur qui s'élève de l'extrémité du grand vestibule et dont les vibrations se font sentir jusque dans Saint-Pierre, annonce l'arrivée du cortège. Au point où nous sommes, l'ensemble apparaît plus pompeux et plus grandiose, encadré dans cette architecture énorme. Bientôt, la *sedia gestatoria* apparaît sur le palier de la scala regia, découpée avec vigueur dans le cadre de la porte monumentale, et, se détachant sur le fond, la statue équestre de Constantin s'éclaire tout d'un coup d'un grand rayon de lumière oblique.

Ce groupe blanc qui, sous le dais blanc et or, semble une idole orientale qu'on porte en triomphe, reste un instant immobile au seuil de l'atrium ; sur un signe de quelque *ceremoniere* invisible (le Burckardt actuel de la cour pontificale), le cortége se met en marche lentement, solennellement, avec un bruit sourd qui étouffe les accents étranges et passionnés de l'hymne „Veni Creator". Un soupir prodigieux, comme un cri étouffé, s'élève de la foule ; elle ouvre ses rangs pressés, et tous s'agenouillent sur le passage du pontife.

L'énonciation seule des noms des dignitaires qui composent le cortège donne le vertige. Viennent d'abord les bussolanti aux chapes de brocard d'or à plis carrés, les chapelains secrets, les avocats consistoriaux, les camériers d'honneur et les camériers secrets ; puis les chantres de la chapelle pontificale, ténors étranges aux longs cheveux brillants, aux mèches luisantes fixées derrière l'oreille, et basses graves aux épaules herculéennes, qui font penser à Lablache. Derrière la chapelle vient le Collège des Prélats, personnages aux traits fins et distingués, aux faces émaciées, suivis des maîtres des saints hospices, des thuriféraires, des porte-croix, des abbés généraux mitrés, représentés par des moines pittoresques, rudes prélats détachés du monde qui opposent un contraste rustique à l'élégance mondaine et raffinée des prélats romains. Les abbés nullius et les évêques de toute race, rame-

L'Atrium de Saint-Pierre. — Le Pape porté sur la Sedia gestatoria.

nés malheureusement au même type par la mitre de toile blanche et la dalmatique blanche, uniforme officiel du concile, suivent, mêlés aux archevêques, aux primats, aux patriarches à longues barbes argentées. Ces derniers, aux traits accentués, semblent dépaysés sous la mitre, et quelques-uns d'entre eux ont coiffé le turban et le tarbouche, tandis que d'autres sont voilés d'étoffes noires lamées d'or, ou portent la tiare basse à cornes relevées, comme les grands prêtres juifs des circoncisions, dans les cartons d'Hampton-court et les bas-reliefs des sculpteurs du XVIᵉ siècle.

Voici venir le groupe des cardinaux, vieux pour la plupart, cassés, fatigués de ce long piétinement, opprimés par cette foule énorme difficile à maintenir et qui rompt les rangs des soldats pour venir s'agenouiller devant les princes de l'Église. — Le pape paraît enfin sur la *sedia*, porté sur les épaules des valets vêtus de damas rouge violacé, entouré des princes romains, dont la tournure toute moderne, la moustache cirée, la raie qui part du milieu de la tête pour se continuer jusqu'au bas de la nuque, et les cheveux bien pommadés, contrastent singulièrement avec leur costume de satin noir à crevés et la *golilla* ou fraise espagnole.

Le groupe est imposant; c'est le groupe traditionnel dont l'aspect n'a pas changé depuis des siècles; il offre un mélange de luxe asiatique et de pompe catholique, et il y a là comme un symbole de l'immobilité du pontificat, car, dans les accessoires du cortège figurent tous les éléments d'un autre âge. Les porteurs des *flabelli* secouent lentement leurs immenses éventails blancs à plumes d'autruche; les gardes suisses, lansquenets de *Faust* avec la crinière rouge des grands jours et la cuirasse d'acier poli, portent sur leur épaule l'immense épée à deux mains à dents de scie; puis viennent les gardes nobles, beaux jeunes gens, bien découplés, très beaux sous l'uniforme de gala, appartenant tous à l'aristocratie romaine, et formant une garde d'honneur dont chaque soldat est capitaine. Un espace les sépare du groupe des porteurs du dais, qui s'avancent pliant sous le faix des palans énormes.

Presque tous ceux qui nous entourent tombent prosternés dans la poussière, comme s'ils ne pouvaient soutenir l'éclat mystique de cet auguste spectacle. D'autres, des étrangers avides de voir, des protestants peut-être, ou des sceptiques qui ne subissent pas l'impression profonde, fixent résolument le groupe pontifical qui va passer devant nous. La lourde sedia, aux épaules des *portantini*, oscille lentement à chaque pas; tout est blanc, le trône, le dais, les *flabelli* qu'on secoue devant le Pontife; il est lui-même vêtu de blanc, coiffé, non pas de la lourde tiare, mais de la haute mitre plate de tissu argenté: dans cet ensemble, la face du Pontife ne fait même pas un point plus coloré; c'est une physionomie grise, pâle, effacée, et cependant vivante par les yeux, lumineux, très vifs, d'où partent deux rayons d'une singulière acuité. Les porteurs de la sedia sont si rapprochés les uns des autres, qu'ils font l'effet d'un mur qui se meut et s'avance; la fumée des thuriféraires monte jusqu'au Pontife, il semble enivré par les parfums et les chants, bercé par le murmure qui s'élève de la foule, et comme écrasé par ces adorations semi-divines. De temps en temps ses yeux se ferment, comme si, enivré d'encens et de myrrhe, et ne tenant pour ainsi dire plus à la terre, il était entré déjà dans l'éternité par un transport de ferveur et de foi. Transfiguré sur son trône, le saint-père lève alors les mains et, d'un beau geste, il bénit la foule.

Il vient de passer; et, derrière lui, le défilé recommence, toujours aussi caractérisé dans les costumes, impossible à décrire par la variété des types et par celle des fonctions. Ceux qui suivent sont les prélats «di Fiochetto», — les auditeurs de la chambre apostolique, — le vice-camerlingue de l'Église romaine, — le majordome du palais, Mgr Pacca, — et le trésorier général de la chambre apostolique. — Après eux viennent les protonotaires apostoliques, les généraux d'ordre, les clercs réguliers, les moines et les mendiants, et les maréchaux du concile, formant tout un groupe en avant duquel on porte les masses; ce sont ceux qui ont prêté serment à l'audience prosynodale, en même temps que les sténographes de la sainte assemblée, les rédacteurs des brefs pontificaux, les coadjuteurs, et les huissiers chargés de recueillir les votes.

A nos côtés, un aimable vieillard, qui a peut être connu Sthendal, mais qui l'a certainement lu, nous raconte qu'il a vu Grégoire XVI ainsi porté sur la sedia; son attitude faisait un singulier contraste avec celle de Pie IX, si pleine de dignité et d'austérité. Très populaire à Rome, aimé de la foule à laquelle il parlait son langage, brutal, dur, fin cependant comme le sont tous les Romains, il rompait à tout moment le charme pendant de telles cérémonies; et il lui arrivait même de parler à la foule. Lorsque le peuple avait lancé quelque épigramme politique par l'organe mystérieux de Pasquino, le Pontife ne dédaignait pas de faire lui-même le Marforio en répondant au peuple dans son langage, et, en pleine pompe religieuse, le jour de Pâques, sur la sedia, on le voyait cesser de bénir la foule pour tirer de sa poche un grand foulard à carreaux qu'il dépliait lentement. Pie IX, lui, n'oublie pas un instant son rôle; il y croit, il est transfiguré et s'élève par la foi à la hauteur où le place l'imagination de la foule. Le

Pontife a canonisé des évêques, béatifié des martyrs, fait des saints nouveaux, promulgué des dogmes; il lui manquait l'acte le plus solennel de la vie d'un pape; un Concile: il l'accomplit aujourd'hui même. Il y a des sceptiques autour de lui qui regardent les grandeurs de la religion, les pompes du catholicisme, les mystères et les dogmes comme des raisons d'État; lui est un saint, il pourrait se canoniser lui-même; et, sur sa chaise gestatoriale, il sent qu'un Dieu frémit en lui. Quand nous l'observons ainsi au milieu de ce nuage d'encens, il nous semble que dans une hallucination produite par un transport de la foi, il monte au séjour des bienheureux.

La procession proprement dite une fois terminée, le saint-père descend lentement de la sedia à l'entrée de Saint-Pierre, et il y entre à pied. Ce mouvement, difficile à exécuter de la part des porteurs, se fait en deux temps; c'est un mouvement très régulier, très rapide, sans fausse manœuvre et sans oscillation. Du premier coup, la sedia, portée sur l'épaule, glisse sur les bras des valets; du second mouvement, ils courbent le genou; le pape n'a plus alors qu'une marche à descendre pour se trouver sur les dalles de la basilique. Aucune de ces péripéties ne l'émeut et ne lui fait ouvrir les yeux, il ne cesse de bénir la foule et semble encore en état d'extase.

Il y a là un temps d'arrêt; le premier diacre de l'Église s'avance; à côté de lui on porte la *Ferula*, insigne de sa charge, sorte de bâton de commandement recouvert de velours cramoisi, terminé aux deux extrémités par un pommeau d'argent d'où pend un cordon de soie. Ce premier diacre de l'Église, c'est le cardinal Antonelli; il relève le coin droit du manteau du Pontife pendant que le cardinal Grassellini relève l'autre; deux protonotaires apostoliques, NN. SS. Siméoni et Bartolini, relèvent aussi la lourde chape qui traîne à terre en faisant de grands plis anguleux. Le pape, toujours immobile, semble insensible à ce qui se passe autour de lui; quant au cardinal Antonelli, il surveille froidement les marches et contre-marches, les génuflexions et les révérences; maître de maison responsable, il veut que tout marche bien. De la main qui lui reste libre, il met son lorgnon sur ses yeux afin de mieux observer tout ce qui se passe autour de lui.

A partir de ce moment, comme le flot s'est refermé derrière la procession; de la place où nous sommes nous ne voyons plus au-dessus de la foule que la mitre blanche du Pontife, qui de temps en temps s'arrête pour bénir: il va monter au maître-autel. Il est midi, depuis plus de quatre heures, la foule piétine sur les dalles de marbre de Saint-Pierre changées en lac par l'eau qui a ruisselé des milliers de parapluies qu'on a fermés en entrant sous le portique. Un grand nombre de spectateurs se précipitent aux portes pour essayer de sortir; d'autres, ceux qui n'ont pas encore franchi le seuil de la basilique et se sont tenus depuis le matin

La Statue de saint Pierre revêtue des Ornements pontificaux.

dans l'atrium, veulent au contraire entrer dans l'église; nous y entrons à notre tour.

Une autre cérémonie va commencer; le Sacrement est exposé sur l'autel, le pape en gravit les marches, il s'agenouille et entonne les oraisons; puis les Pères, qui n'ont point rompu l'ordre du cortège, se dirigent vers le bras droit du transept et entrent dans „l'aula conciliaris".

Une fois dans Saint-Pierre, nous parvenons jusqu'à la *confession,* où brûlent deux cents lampes d'or autour du tombeau du prince des apôtres; à cette hauteur de l'église, d'un côté à l'autre de la nef, la garde pontificale a établi un cordon pour maintenir le concours des pèlerins, foule bariolée, composée d'étrangers, de paysans, de prêtres qui vont et viennent à leur guise d'un sanctuaire à l'autre, pendant qu'au maître-autel on célèbre la *funzione* spéciale à ce grand jour.

On a fermé les grilles des chapelles à main droite de la nef, elles sont converties en vestiaires. Autour de la statue en bronze de saint Pierre qui est adossée au mur entre deux immenses pilastres, image antique qui fut, dit-on, celle de Jupiter, et dont les fidèles viennent baiser le pied usé par le contact de tant de générations, sont prosternés, la face contre terre, des paysans de la Sabine, revêtus de leurs haillons pittoresques. On s'écrase autour de l'autel du saint, et il faut marcher sur les fidèles pour approcher de la statue. Pour la première fois nous voyons le bronze paré de gala; on l'a coiffé de la tiare d'or, et revêtu d'ornements pontificaux sous lesquels disparaissent les grands plis sévères de sa tunique de métal. On dirait que, dépouillée du caractère sacré qu'elle emprunte à tant de siècles d'adoration, l'idole antique est aujourd'hui parée pour les sacrifices du paganisme. Rien ne manque à la parure liturgique de l'évêque de Rome : il porte l'aube, l'étoffe, le pluvial de soie rouge lamé d'or, agrafé sur la poitrine par un *ragionale* d'or serti de pierreries; la croix pectorale pend sur sa poitrine; et on n'a même point oublié, dans cette personnification plastique et cette *restitution* du premier chef de l'Église : le signe sacré de son pouvoir, l'„anneau du pêcheur" qui brille à son doigt, enrichi d'un colossal rubis. Dans la main gauche de la statue, — on est toujours tenté de dire l'idole, — on a placé la clef d'or symbolique ornée de diamants, qui ouvre les portes du paradis, et reste à travers les âges l'attribut du pouvoir pontifical.

L'AULA CONCILIARIS

Les Pères du concile viennent d'entrer processionnellement dans la salle du synode, où ils ont occupé les places qui leur sont assignées; le Sacré-Collège les a suivis à peu de distance, puis le Pontife lui-même est allé s'asseoir sur le trône pontifical.

Cette „aula conciliaris" occupe, dans le plan général de la basilique, l'extrémité du bras droit de la croix; elle est isolée du reste de l'édifice par une cloison provisoire sur laquelle on a simulé, peinte à la détrempe, une architecture dont les lignes se raccordent avec celles des bas côtés de la nef. Une porte unique dans l'axe horizontal du maître-autel de Saint-Pierre donne accès dans cette enceinte; elle est gardée par les chevaliers de Saint-Jean de Jérusalem, revêtus du long manteau de grande tenue, et par la garde noble. Aménagée comme la salle d'un parlement, avec le trône au fond adossé à la paroi, à droite et à gauche les sièges des cardinaux, et, dans le sens de la longueur, des deux côtés, les gradins où vont s'asseoir les Pères du concile; l'aula, qui par elle-même affecte des proportions si vastes avec son grand espace vide au milieu, donne une juste idée du colossal développement de la basilique. Il faut considérer en effet qu'elle n'occupe qu'une partie bien minime de l'ensemble de Saint-Pierre.

Comme la voix serait répercutée dans tous les sens par les grandes saillies, ou comme elle pourrait se perdre dans les cavités des vastes niches, dans celles des plans en retraite et si brisés sur les courbes diverses d'une architecture aussi monumentale, on a condamné toutes les ouvertures, et ramené autant que possible à un seul plan les parois du pourtour de la

L'*Aula conciliaris*. — Une Séance publique du Concile.

salle. Sur les châssis rapportés à cet effet, des artistes romains ont exécuté à la détrempe des scènes des conciles antérieurs, et représenté, en des séries de médaillons, tous les Pontifes qui ont convoqué des conciles.

L'aula est divisée en deux parties qui affectent deux plans différents; celle où siègent les Pères est de plain-pied avec le sol de Saint-Pierre, et celle, au fond, réservée au Pontife et aux cardinaux, s'élève de dix marches au-dessus de la première. Le trône pontifical domine encore de huit marches celui où siègent les cardinaux. Des deux côtés du trône, juste au-dessus des stalles occupées par le Sacré-Collège, on a ménagé deux larges tribunes pour les souverains, pour les représentants des puissances, quelques hauts dignitaires civils du Vatican et de rares privilégiés. Le milieu de l'aula, qui affecte un espace large comme une nef de cathédrale, reste entièrement vide; un peu en avant de la porte d'entrée se dresse un autel, et au pied des gradins, sur toute leur longueur et des deux côtés, sont les stalles mobiles pourvues de hauts pupitres réservés aux théologiens et aux secrétaires. Les sténographes occupent, au-dessus des derniers gradins des Pères, et des deux côtés, de vastes tribunes prises dans une retraite du plan. Derrière ces tribunes de longs espaces en couloirs permettent de circuler et d'accéder aux escaliers des sténographes; c'est là qu'un ingénieux architecte a dissimulé les services, buffets, buvettes et autres accessoires qui rappellent les Pères du concile au sentiment de leur humanité.

Cette première séance, dite d'ouverture, a caractère de séance publique. L'ex-roi de Naples, les ducs de Toscane, de Modène, tous les membres des familles royales qui sont en ce moment à Rome, l'impératrice d'Autriche, les princes de Wurtemberg, les ambassadeurs, les officiers majeurs du concile, occupent leurs places au-dessus des cardinaux; près du pape lui-même, dans des petites tribunes réservées et grillées, ont pris place quelques princes romains, des dames du corps diplomatique, des étrangers de distinction ainsi que quelques écrivains catholiques spécialement agréables au Vatican.

Toute réunion générale, publique ou privée, commence par le sacrifice de la messe; c'est le cardinal Patrizi, évêque de Porto et de Sainte-Ruffine, qui officie, comme sous-doyen des cardinaux; il a connu Léon XII et Grégoire XVI, et depuis trente-cinq années il siège au Sacré-Collège; en 1856 il a baptisé le prince impérial, fils de Napoléon III, comme *Legat a latere* à Paris; il est grand dignitaire de la Légion d'honneur.

Au sacrifice de la messe succède la bénédiction papale, puis le secrétaire du concile porte sur l'autel un grand pupitre sur lequel on place les Évangiles ; chacun des Pères va prêter le serment d'*obédience*. Près de sept cents membres quittent tour à tour leurs places pour venir se courber devant le Pontife et prêter serment ; quand il a reçu le dernier, le saint-père entonne les litanies, et donne encore trois bénédictions *super synodum*.

C'est à ce moment de l'inauguration que le premier maître des cérémonies s'avance et prononce les paroles : *Exeant omnes qui locum non habent in concilio !* (Que tous ceux qui n'ont point place au concile sortent !) : les tribunes publiques se vident aussitôt. Désormais le Concile est ouvert, et le reste de la séance ne nous sera connu que par les journaux catholiques. Le secrétaire monte à l'ambon, tribune située un peu avant des gradins inférieurs dans la partie vide de l'aula ; il lit la bulle de convocation, puis le discours d'ouverture ; et, par le mot *placet*, chacun adhère à la convocation. Après des hymnes, des prières, tout un cérémonial liturgique qu'on ne saurait décrire, la séance est levée. Le saint-père regagne le Vatican sans rentrer dans la basilique, et peu à peu l'*aula* se vide. C'est le moment où, personnellement, nous obtenons d'y rentrer encore pour prendre des notes, compléter nos renseignements et faire de rapides croquis développés plus tard, complétés à l'aide de documents et de souvenir, et reproduits par la presse de Paris et celle de Londres. Il est trois heures et demie, depuis huit heures du matin les Pères sont en représentation, écrasés par leurs lourds vêtements et la mitre blanche conciliaire. Quelques-uns d'entre eux, caducs, brisés par l'âge, soutenus par des assesseurs, se traînent avec peine.

L'expérience est faite; l'acoustique de l'„aula conciliaris" est déplorable; en quelque lieu de la salle qu'on est placé on n'entend qu'un murmure confus; après l'épreuve du premier jour on parle d'aménager une salle du Quirinal ou quelque église de Rome, afin de remédier à un inconvénient capital, mais déjà prévu et escompté.

Au dehors il pleut encore, il pleut sans cesse; les Romains prétendent que c'est un signe évident de la „Jettatura". On sait en effet que la foule romaine, par un singulier reste de superstition à peine compréhensible chez des âmes pieuses, mais qui prouve l'ignorance des masses et semble continuer la tradition païenne, croit que le Pontife a le mauvais œil depuis qu'elle a vu les malheurs successifs qui ont frappé le Saint-Siège depuis son avènement. Souvent, quand

Pie IX traverse les places publiques et les bas quartiers de la ville, les vieilles femmes, agenouillées pour recevoir sa bénédiction, font les cornes sous leurs tabliers pour conjurer le mauvais sort.

Il y a, du reste, de la superstition ailleurs que dans la campagne romaine, car une lettre écrite de Rome à l'un des organes les plus répandus de la presse étrangère, et qui nous revient ici, fait une allusion à cette pluie persistante et voit dans ce contretemps un acte de la miséricorde céleste:

„Le temps était au beau hier, il a tourné au mauvais pendant la nuit, il pleut impitoyablement. Le Concile, il est vrai, n'est pas chargé de chasser les orages de l'air, mais bien de dissiper ceux que l'esprit de révolte fait sur la terre; il ne faillira pas à sa mission. Si le soleil eut été de la fête, la foule se serait portée en telles masses dans la basilique, qu'on n'aurait pu éviter les accidents."

CHAPITRE IV

LE PAPE TIENT CHAPELLE

Sommaire. — L'aspect de la place Saint-Pierre. — Arrivée des Pères du Concile. — La Scala Regia. — Monseigneur Ledochowski, archevêque de Posen. — Les chanteurs de la Chapelle Sixtine. — Aspect de la nef pendant l'office divin. — La tribune réservée aux princes romains. — La sortie de la messe pontificale.

Place Colonne.

Le jour du dimanche de l'Avent le pape tient chapelle à Saint-Pierre ; cette fois la *funzione*, toujours imposante et toujours attendue par les Romains, empruntera aux circonstances un éclat particulier, car tous les prélats du monde entier, réunis pour le Concile, y assisteront. Aussi, dès le matin, les étrangers envahissent-ils l'immense place. A partir du môle, aux abords du pont

Saint-Ange, la foule est compacte ; les dragons gardent l'unique avenue où vont passer trois mille voitures, au milieu desquelles on distingue les carrosses bariolés, à trains rouges, amenant les cardinaux, et derrière lesquels les domestiques de leurs Éminences,

Le Pont et le Château Saint-Ange.

si pittoresques dans leur livrée, se tiennent suspendus en grappe, le mollet au vent, le parapluie dans sa gaîne rouge sous le bras, accrochés trois ensemble, les bras passés dans les portières, et bien en équilibre sur l'étroit strapontin.

La rue Borgho-Vecchio, cette longue rue qui part du môle d'Adrien et débouche sur la place Saint-

Pierre, est comble; de distance en distance stationnent les dragons, refoulant sur les trottoirs la foule compacte, foule noire, où les abbés sont nombreux. Çà et là, on remarque comme contraste, quelques paysannes, à jupons rouges, et des nourrices, vraies têtes de fresques, ornées de bonnets à fraises de toutes couleurs, curieusement ouvragés avec de grands épis d'or, plantés dans les nattes noires.

Cette place est si grande qu'une aussi énorme affluence ne parvient point à la remplir; tout au plus est-elle, çà et là, tachée de points sombres. Les voitures particulières viennent se ranger en ligne en face de l'entrée, en deçà de l'obélisque; les voitures des cardinaux tournent à gauche derrière la colonnade et s'engouffrent dans le Vatican: seuls les évêques viennent descendre au pied du grand escalier qui conduit à la scala regia et au vestibule de Saint-Pierre; c'est sur ce point que la foule s'est massée pour voir passer les évêques exotiques.

A la première marche de l'escalier royal, sous les armes, dans leur tenue de fête, se tiennent les lansquenets d'un autre âge, à crevés mi-partis jaune et rouge, coiffés du casque d'acier ombragé d'une crinière blanche, avec la fraise à la Velasquez. Ce moyen âge et cette renaissance hurlent de se trouver accouplés; les souliers trop modernes, à la *Molière*, pro-

Garde Suisse. — Lansquenet.

testent contre le reste du costume, et la tête des soldats, trop contemporaine, dénonce leur origine suisse et sonne le ranz des vaches d'Appenzel en plein Vatican.

Cependant, en perspective, dans ces immenses escaliers à dix paliers, et encadrée dans l'arc du vestibule supérieur; la silhouette de ces hallebardiers a son prix comme décor. Il y a aussi quelques charmants épisodes qui à chaque pas offriraient des tableaux à un artiste. Des huissiers exquis (tous ministres plénipotentiaires au moins pour l'allure), avec la jambe fine, le teint pâle, rasés de près, mi-abbés, midiplomates, reçoivent leurs Grandeurs au seuil, et de temps à autre accueillent aussi des jolies femmes en taille simple, la tête à peine couverte d'un léger voile de tulle simulant la résille, obligatoire et d'étiquette pour les dames qui veulent assister à la messe papale. Ces belles curieuses sont pour la plupart des dames de la noblesse, des princesses romaines ou des dames du corps diplomatique.

Cet escalier royal est si grand d'échelle que les personnages qui le gravissent ressemblent à ces petites figures que Piranesi, d'une pointe vive, jette dans ses magnifiques eaux-fortes du Vatican. Tout à l'heure, en plein air, la foule était d'un noir tacheté ; ici tout est bariolé ; on voit des personnages tout blancs, d'autres tout rouges de la tête aux pieds ; celui-ci est gris perle, celui-là violet clair ou jaune soufre. Évêques, abbés, prieurs, patriarches, archimandrites, jolies hérétiques anglaises portant leur pliant, prélats espagnols verts et moines tout blancs, se croisent, se confondent et se saluent. De temps en temps la foule s'agenouille, un passant sort des rangs pour se précipiter vers un prince de l'Église qui passe ; il s'agenouille pour lui baiser la main, et le prélat la laisse prendre avec indifférence comme un homme distrait et pressé.

L'heure avance, il faut entrer dans Saint-Pierre. Tout d'abord c'est le mouvement de la rue ou celui d'un passage colossal, héroïque, splendide, écrasant de grandeur. On entre, on sort, on parle, on s'appelle; des processions de pénitents noirs passent en psalmodiant, et des pénitents gris leur succèdent. Les lansquenets défilent, le tambour en tête ; ils vont occuper les abords du maître-autel et garder l'enceinte de la chapelle papale. La foule se rue vers un même point, et la nef ressemble à une place publique; mais le Romain ne s'émeut point de ce désordre, et chacun court à l'objet de sa dévotion particulière; si on n'y prend garde, on peut fouler aux pieds des paysannes couchées à plat ventre à l'entrée d'un sanctuaire où est exposé le Très Saint-Sacrement. Cependant déjà les évêques et les cardinaux, revêtus de leurs insignes, commencent à fendre la foule, et tout le monde veut se grouper autour du maître-autel où les gardes du pape forment un cordon destiné à protéger l'entrée des prélats.

La cérémonie a lieu dans le chœur, somptueusement orné d'immenses draperies grenat et or, sous lesquelles se dresse le trône. Le milieu reste vide ; tout autour, sur les bancs supérieurs, se tiennent les cardinaux, et derrière eux les évêques. Pour le moment l'espace au milieu est désert ; les prélats font leur entrée un à un, entre deux haies de curieux, contenus à grand'peine par les gardes qui les exhortent en allemand.

Un jeune maître des cérémonies s'avance, camérier élégant, connaissant à fond sa cour de Rome ; il est accueilli d'un signe de confiance par les prélats romains, qui vont droit à leur banc, et il s'adresse, en latin, aux évêques étrangers, auxquels il indique leur place. Le défilé commence pour la masse des curieux, c'est le vrai moment du spectacle, et quelques-uns tirent même, sans vergogne, les lorgnettes de leur étui. A côté de nous, les abbés de tout grade, qui forment le fond de la foule, nomment leurs supérieurs ecclésiastiques qu'ils reconnaissent au passage. Les ciceroni, en face de ces innombrables nuances de costumes, fourrures blanches, fourrures grises, fourrures noires, simarres rouges ou violettes ou simples robes de bure, en face de tous ces personnages de l'aspect le plus humble, auxquels on rend les honneurs les plus marqués, essayent à grand'peine de reconnaître le grade et les fonctions de chacun, et inventent des évéchés singulièrement „in partibus". Et de fait, c'est à s'y perdre, car c'est un spectacle extraordinaire que celui qu'offre ce défilé. Quelques Africains en turban, vêtus de grandes gondourah de soie lamée d'or, soulèvent un murmure d'étonnement dans la foule. On pense à l'adoration des mages et aux Chaldéens de fantaisie de Rembrandt. Mgr Valerga, le patriarche de Jérusalem, un Abraham à grande barbe blanche, a le plus grand succès. Les Maronites, l'évêque des lieux saints, le gardien des sanctuaires, l'archevêque de Chine, l'évêque de Hong-Kong, et ceux du rit arménien, arrêtent aussi l'attention, et on va laisser passer, sans les regarder, le cardinal Bonaparte et Mgr de la Tour d'Auvergne, malgré la noblesse ascétique qui distingue la démarche du premier, et le grand air assuré avec lequel le second s'avance.

Cardinal Italien.

Le défilé dure longtemps avant que chacun ait occupé sa place ; chaque cardinal, en entrant, va s'agenouiller un instant devant le maître-autel du baldaquin de Saint-Pierre, où un assistant,

Mgr Spaccapietra, Évêque du Chili.

de chaque côté, relève la longue traîne de l'Éminence

qui tout à l'heure balayait noblement le tapis. Au milieu de tout cela se détachent quelques uniformes diplomatiques, celui du ministre d'Autriche et de l'attaché militaire ; celui du Grand-Maître de l'ordre de Malte, suivi d'un chevalier de Saint-Jean de Jérusalem, tout rouge et or, avec le grand manteau blanc, qui réclame une place pour cinq ou six dames au teint basané, coiffées de mantilles.

Mgr Valerga, Patriarche de Jérusalem.

Le dernier de tous, un évêque du Liban, vraie tête d'Holopherne, la tête couverte d'un voile rouge, moitié turban, moitié voile, et lamé comme celui des Touaregs, s'avance en traînant ses sandales et faisant de grands gestes avec des mains noires ; le jeune maître des cérémonies déploie sa finesse toute diploma-

Mgr Yglesias, Patriarche des Indes.

tique et sa politesse exquise à l'égard de ce pasteur des fidèles, venu d'un pays extravagant, enfant de la tente habitué à la vie du désert. Un véritable Beni-Zoug-Zoug, chien fidèle, domestique de confiance venu des régions lointaines à la suite de l'Éminence, couvert de haillons pittoresques, les jambes nues, la tête coiffée d'une grosse corde roulée en turban, et vêtu d'un burnous sale, essaie de suivre un beau Mésopotamien qui, arrivé en retard, le congédie d'un geste à la fois noble, affectueux et doux. Le pauvre montagnard, ahuri au milieu de ces pompes, s'en va, ses sandales à la main, se perd dans la foule, et se tapit dans un coin d'autel, comme un chien

Prélat du Rit arménien.

fatigué, indifférent à toute autre chose qu'à son maître

Évêque du Rit arménien.

qu'il suit longtemps des yeux dans le flot des princes de l'Église.

La messe commence et Sa Sainteté ne paraît point; la déception est grande dans la foule en voyant s'approcher de l'autel un simple archevêque, de ceux qui ont le privilège et peuvent dire la messe à la chapelle papale. Il ne monte pourtant pas au grand-autel (celui du baldaquin, est réservé au seul Pontife); il officiera devant un petit autel mobile, spécialement dressé en avant du premier pour cette circonstance.

Mgr Ledochowski.

L'officiant est Mgr Ledochowski, archevêque de Posen, par conséquent Polonais et né à Gosken en 1822. C'est un prélat de belle allure, il a souffert l'exil, les amendes et la prison dans sa lutte avec le gouvernement allemand. Pour le moment interdit par son gouvernement, il s'est retiré à Rome, loin de ses ouailles, il est allié aux Odelcaschi, et presque Romain, puisqu'il a fait ses études à l'Académie des nobles ecclésiastiques. Attaché plus tard à la secrétairerie d'État, il est devenu nonce à Bruxelles, puis archevêque de Gnesen et Posen, et il est promis au cardinalat. Mgr Ledochowski officie avec dignité; la messe suit son cours, le flot des étrangers augmente, et par trois fois elle rompt les barrières; nous sommes refoulés peu à peu jusque sous la petite cage à grilles dorées où se tient la maîtrise de la chapelle papale.

Chanteur de la Chapelle Sixtine.

De cette petite tribune, ainsi close d'un grillage d'or, qui dérobe les chanteurs à la foule, partent tout d'un coup des sons étranges: c'est le chant du rit grégorien, le plain-chant de Saint-Pierre, sans accompagnement d'instrument. Des accents androgynes, d'une acuité particulière, s'élèvent au-dessus des voix graves des basses, comme des fusées brillantes dans un feu d'artifice : c'est à la fois touchant, inquiétant et douloureux, on dirait des sanglots de femme, mêlés à des lamentations viriles. A travers les losanges dorés on a peine à distinguer les chanteurs, pressés sur un petit espace ; un mæstro les guide et bat la mesure d'un air affairé. Cette même tribune grillée, nous la retrouverons dans la même forme, à la Chapelle Sixtine, et nous y entendrons encore ces mêmes accents indéfinissables, et qui, par leur caractère très particulier, justifient encore aujourd'hui toutes les hypothèses de la tradition vaticane relatives aux chanteurs de la Sixtine.

A peine les chants ont-ils cessé, on voit surgir un petit moine maigre, hâve, tout noir, à face émaciée, qui se dresse debout dans une chaire presque au niveau de la foule, en avant des bancs des cardinaux. C'est un provincial de l'ordre des Augustins ; il prêche en latin, nous nous retirons en arrière dans la grande nef pour mieux nous mêler au mouvement de la foule, et juger de l'aspect de l'église pendant l'office solennel ; plus que jamais c'est la place publique. Il y a là un mélange inouï du plus haut ragoût ; les domestiques des cardinaux causent, assis sur les saillies des piédestaux des immenses pilastres, portant les accessoires de la toilette des Éminences, le chapeau rouge à gros glands d'or et le manteau écarlate ou le coussin, sans oublier le parapluie rouge. Le peintre Heilbuth, auquel nous empruntons quelques unes de ses nombreuses compositions, a bien observé et rendu tout ces types de serviteurs des princes de l'Église.

Saint-Pierre est si énorme que ce concours immense ne le saurait remplir; les étrangers circulent, les guides font leur petit métier, les paysans de la campagne et les belles transtéverines aux jupons rouges et à la blanche fazzoletta, campent assis dans la porte des confessionnaux; tout un monde d'huissiers distingués, portant le long collet de soie noire qui flotte sur leur frac élégamment coupé, délicats serviteurs des membres du Concile, stationnent près de la barrière de marbre de la *confessione*, et s'entretiennent sans façon des choses du jour. Nous passons dans l'autre bras de la croix, et nous nous trouvons devant la tribune à niveau, enceinte réservée, où une centaine de femmes de la société romaine, des élégantes privilégiées, entendent la messe papale; toutes sont vêtues de noir, dans le deuil le plus strict, et toutes portent le voile. Quelques-unes ont adopté la mantille sévillane; d'autres, jeunes, minces et longues, en simple taille, n'ont qu'un soupçon de tulle sur le sommet de la tête et semblent venues là en voisines.

Des voyageuses prises au dépourvu se sont composé une sorte de petit voile symbolique, fixé au milieu des tresses pendantes, esquivant ainsi la loi de l'étiquette.

Il y a là des princesses romaines qui ressemblent à des vierges de missels allemands ou à des anges de Giovianni da Fiésole, des parisiennes élégantes, des princesses russes, des hongroises, des autrichiennes qu'on a vues et qu'on verra encore à la sortie de l'Opéra, l'hiver, à Paris ou à Vienne, à Florence ou à Saint-Pétersbourg; de ces cosmopolites enfin qu'on connaît si bien de vue pour les avoir rencontrées un peu partout, qu'on est tenté de les saluer et de leur demander si elles iront au Pincio dans l'après-midi.

Mais la clochette sonne, c'est l'élévation; nos yeux se tournent vers l'autel; un beau rayon de soleil doré tombe obliquement des baies de la vaste coupole, et enveloppe les officiants. L'encens brûle, les chants s'élèvent, l'or éclate, c'est rapide comme un éclair, il y a là un instant d'émotion, et quelque chose d'immatériel nous fait oublier tout ce mouvement mondain qui nous entoure, en nous enlevant pour un instant aux pensées mondaines.

Un grand mouvement de tout ce peuple prosterné, qui se relève avec un sourd murmure, indique la fin de la cérémonie; la confusion devient grande et fait contraste avec le recueillement sublime de tout à l'heure. C'est la sortie, plus belle encore que l'entrée;

moins pompeuse peut-être, mais certainement plus pittoresque et plus confuse. Les cardinaux sont confondus pêle-mêle avec la foule qui s'écarte pour les laisser sortir, les domestiques se précipitent. Tous les prélats, en passant devant l'un des autels où est exposé le Saint-Sacrement, s'agenouillent un instant; des vieillards qui se traînent à peine, sont soutenus par des serviteurs aussi vieux qu'eux et se courbent sur de gros coussins que ceux-ci posent à terre. Les valets béats les suivent, de jeunes abbés rattachent les traînes des Éminences et roulent consciencieusement les longs pans en bourrelets.

Voici les Orientaux qui défilent une seconde fois devant nous, et nous les observons de plus près que tout à l'heure; le monde entier est représenté là, et vraiment rien n'est plus étrange. Voici l'évêque de Cappadoce, ceux d'Alep, de Mélitène, de Karputh, de Diarbékir, de Césaréa, d'Amadia, d'Ancyre. Ils sont cuivrés, ils sont jaunes, ils sont noirs; un véritable mandarin, sorte de bouddah catholique, s'avance, comme détaché d'un paravent sacré; le mélancolique patriarche semble opprimé au milieu de la foule indiscrète qui le suit.

Dehors, sur la place, le soleil luit cette fois, et la lumière éclate; nous courons encore au bel escalier du Vatican pour voir le mouvement des voitures qui vont emmener toutes ces Grandeurs et ces Éminences.

Parmi mille épisodes colorés, notons les grands chasseurs des évêques hongrois, avec le costume national, la petite tunique bleue à brandebourgs d'or, le bonnet d'astrakan avec l'aigrette, le beau dolman flottant et la botte sur le pantalon collant soutaché. Et, avant de nous retirer, jetons encore un coup d'œil à la perspective profonde de la scala regia, où se tiennent, anxieux, les jeunes abbés, clients un peu humbles, qui attendent qu'un regard éminent tombe sur eux. Quand ils ont obtenu au vol un mot ou un sourire d'un cardinal, ils retournent au groupe de leurs collègues avec la visible satisfaction d'un surnuméraire français qui a parlé à son ministre et va rêver à son avancement.

Il est midi, les cloches sonnent sur la place, les boutiques, tout à l'heure fermées, s'ouvrent comme par enchantement; les voitures s'ébranlent et les chevaux s'élancent dans la direction du pont Saint-Ange, précédées par l'escadron de dragons pontificaux qui leur ouvre la marche.

— *Ite, missa est.*

CHAPITRE V

CE QUI SE PASSE AU CONCILE

Sommaire. — Mystère dont sont entourées les séances. — Le journalisme à Rome. — La censure. — État des esprits. — Protestations dès la publication de la bulle de convocation. — Personnalités les plus illustres. — Opposants. — Partisans. — Notre journal du Concile depuis l'Inauguration jusqu'au 1er février. — *Revue des troupes pontificales à la Villa Borghèse.* — Marche de la discussion. — Lutte pour ou contre la promulgation du dogme de l'infaillibilité. — Péripéties diverses. — Protestations. — Nous quittons Rome. — Résumé rapide des événements jusqu'à la promulgation. — Le Concile s'égrène. — La France déclare la guerre à l'Allemagne. — Événements de septembre à Rome. — La clôture du Concile.

Place du Quirinal.

Deux jours après la grande manifestation de l'inauguration, le Concile est ouvert et tient sa première *congrégation* générale à laquelle assistent tous les Pères. Cette réunion, qui reste interdite aux profanes, a lieu dans une des salles du Vatican. L'*aula conciliaris* ne servira plus qu'aux séances publiques, celles où on proclame le résultat des travaux. Depuis le jour de l'ouverture jusqu'à la cloture du Concile il n'y aura que quatre réunions de cette nature, y compris celle d'inauguration. Toutes les autres réunions sont secrètes ; dès le premier jour nous avons bien compris que rien de ce qui se passe au Vatican ne peut transpirer, nous n'aurons donc que de vagues récits, toujours approximatifs, toujours passionnés, et plus ou moins exagérés selon le parti auquel appartient celui qui les transmet. Hors d'Italie, à distance, on embrasse mieux l'ensemble des faits et on parvient sans doute à mieux dégager l'idée maîtresse; ici on apprend les résolutions par bribes et morcelées; une élection de commission tient trois séances, et quand on apprend les noms des élus proclamés, en dehors des quelques grandes personnalités dont

Félix Dupanloup, Évêque d'Orléans.

la réputation est européenne, comme les Manning, les Deschamps, les Darboy, les Strossmayer, les Dupanloup : les choix ne disent rien à l'imagination et ne font rien pressentir. Le journalisme, source d'information habituelle à tous les pays du monde, écho naturel et quotidien de tous les faits et de toutes les opinions, est absolument nul pour nous en raison des lois restrictives. C'est par les journaux politiques et religieux de Paris et de l'étranger, les uns ultramontains, les autres gallicans, que nous sommes renseignés sur les faits qui se passent à côté de nous, mais en dehors de nous, et qui, par le fait, nous échappent. L'imprimerie ne fonctionne ici qu'avec l'autorisation du „maître du sacré palais", directeur officiel de la censure; c'est un prêcheur de l'ordre de Saint-Dominique, une forte tête, le père Mariano Spada qui occupe le poste; c'est lui qui refuse l'*Imprimatur* à ceux des Pères du concile qui tenteraient de recourir à la publicité par voie de lettres ou de brochures. Et comme dans Rome même, aucun organe ne s'exposerait à publier les protestations, les polémiques qui s'élèvent dans les congrégations générales, ou au sein des commissions, ne nous sont connues que par ceux-là même qui, les ayant soulevées, cherchent au dehors, par voie de correspondances qui nous reviennent, leurs seuls moyens de justification et de défense.

Il faut aussi, pour pénétrer le sens intime de ces discussions et en dégager les faits, une préparation qui manque à la plupart d'entre nous, écrivains séculiers forcés d'aborder des matières ecclésiastiques, et dont les connaissances théologiques laissent évidemment à désirer. Les relations diplomatiques ne servent de rien; celles qui nous lient à des ecclésiastiques deviennent inutiles, parce que ceux-ci se renferment et se sentent surveillés; enfin, à moins d'être de la maison, comme les honorables MM^{rs} de Riancey ou M. Veuillot que nous voyons passer, les correspondants restent dans la nuit. Le „*Giornale di Roma*", organe du Vatican, ne donne jamais que des faits accomplis dégagés de tout commentaire, et quelques avis, utiles d'ailleurs, sur les procès-verbaux, le cérémonial et les rits.

„L'*Unita cattolica*" que nous croyions *persona grata*, a publié certains détails qui ont attiré l'attention de la censure du Concile, et deux prélats de la cour pontificale, soupçonnés d'indiscrétion, ont été destitués. A plusieurs reprises on est revenu dans les congrégations sur le secret du Concile, et on a publié des *monita secreta* relatifs à sa violation.

Notre premier soin sera d'étudier le terrain sur lequel nous marchons; si résolu que nous soyons à conserver notre pleine indépendance, à respecter tout ce qui est respectable et sincère, et résolu que nous sommes à nous cantonner dans le pittoresque et à ne point prendre parti : nous ne saurions cependant assister à de tels événements sans tenter d'en comprendre le sens intime.

A la seule notification de la bulle de convocation du concile, en France, en Allemagne, en Amérique et même en Portugal; des évêques, des prélats qui passent pour dévoués au Saint-Siège et dont la foi ardente n'est pas douteuse, ont nié publiquement l'opportunité de cette convocation. Personne n'ignore qu'après avoir fait un dogme de l'Immaculée-Conception, le saint-père proposera de décréter l'infaillibilité personnelle du Pontife. En France, Mgr Dupanloup, évêque d'Orléans, à la date du 11 novembre 1869, a publié un mandement épiscopal où il rejette la *possibilité* du nouveau dogme. Quelques jours auparavant, le gouvernement français, par l'organe de son ambassadeur auprès du Vatican, a montré les dangers de certaines résolutions et, dans une entrevue avec le saint-père, l'a invité à la prudence. L'archevêque de Munich, avant de se diriger sur Rome, a cru devoir rassurer les fidèles émus par l'idée de l'acceptation probable du dogme. L'église allemande, celle de Hongrie, les évêques d'Amérique, sont presque unanimes sur ce point. De grands esprits, dans le clergé de France, Mgr Darboy, le père Gratry, Mgr Maret, évêque de Sura, croient aussi que la suprême autorité spirituelle est une puissance essentiellement composée du pape et de l'épiscopat, et que le saint-père, dans un concile, n'apporte qu'une part plus respectée que celle des autres Pères. Le prince de Schwarzenberg, archevêque de Posen, et surtout Mgr Strossmayer, évêque de Sirmium, se proposent aussi de lutter contre la proposition du dogme de l'infaillibilité.

Dans l'ordre des opposants ces noms sont les noms les plus saillants que nous entendions prononcer. Dès les premiers jours cependant, on dit que la majorité est énorme en faveur des idées du saint-père et, en face des évêques allemands et des opposants français, on voit se grouper de redoutables adversaires. Au premier rang est Mgr Deschamps, archevêque de Malines, qui, sous une courtoisie exquise, une forme élégante, raffinée, une modération remarquable dans le propos et une sociabilité particulière, cache une résolution inébranlable et une fermeté rare. C'est lui le grand promoteur; il accepte toutes les responsabilités, il les ambitionne et les réclame; c'est le plus dangereux des adversaires, parce qu'on ne peut point atteindre l'homme sous les principes, et même quand on sait, qu'on a en lui un ardent ennemi; on le révère et on l'aime.

Un ascète, un néophyte, protestant converti au

Les Pères du Concile. — Le Banc des Patriarches.

catholicisme, auquel le pape a fait faire une carrière rapide ; Henry Edward Manning, archevêque de Westminster, le suit de près. En face du fougueux Mgr Strossmayer et luttant directement avec lui, se trouve l'évêque de Calvi et Teano, un napolitain, Bartolomeo d'Avanzo, latiniste consommé, philosophe, savant théologien, dont l'éloquence contenue s'oppose aux emportements de l'évêque de Sirmium. Dès le premier jour, c'est une affirmation nette et vive, et il a pris sa place avec autorité.

Les cardinaux sont plus réservés, plus retenus par l'âge, et naturellement, moins ardents dans la lutte ; on peut même dire que l'opposition est rare sur les bancs du Sacré-Collège. Sur cinquante-cinq princes de l'Église, quarante ont été créés par Pie IX et doivent donc lui être tout entier attachés. Un des plus en évidence, un cardinal diacre, Annibale Capalti, né à Rome en 1811, créé il y a une année à peine, en 1868, sous le titre de Santa-Maria in Aquiro, apporte dans cette lutte pour le Saint-Siège une grande passion. Le pape compte sur lui, il fait partie des commissions les plus actives, et se place résolument en face du groupe des Allemands, des Français, des Hongrois et des Orientaux.

Parmi les docteurs en théologie qui ont pris une part considérable aux travaux préparatoires de cette grande session, on compte au premier rang, comme une des lumières du Vatican, un jésuite, Giambattista Franzelin, professeur au collège romain où il a succédé au fameux père Passaglia.

Comme le Conseil d'État prépare nos lois, les commissions secrètes n'apportent aux congrégations générales que des résolutions mûrement étudiées, et, malgré les opposants, une majorité compacte enlève les décisions qu'on va promulguer dans les séances publiques. L'élection des différentes commissions ou députations est donc au fond le fait important; selon leur composition les décisions seront ratifiées ou rejetées ; mais dès le premier jour toute la ville de Rome sait déjà que le siège est fait, et que la victoire n'est pas douteuse.

JOURNAL DU CONCILE

8 décembre.

Le Concile inauguré le 8 décembre, la première congrégation générale a eu lieu le 10, sous la présidence des quatre légats, les cardinaux Bizarri, Bilio, de Lucca et Capalti. Un cinquième, le cardinal de Reisach, manque à l'appel; on le dit gravement atteint.

On vient d'élire au scrutin secret les membres des

Revue de l'Armée pontificale à la Villa Borghèse.

commissions. *Judices excusationum — Judices querœlarum — Judices controversiarum*. La première reçoit les excuses des absents au concile, elle les examine, les accepte ou les rejette; les deux autres résolvent les difficultés qui s'élèvent entre les Pères, et jugent les controverses.

13 Décembre.

On a tenu aujourd'hui la deuxième congrégation générale; aux termes de la bulle „*multiplices inter*", on fait savoir aux Pères que le Pontife nommera directement une commission chargée d'accueillir ou de rejeter, sauf son approbation, les questions dont ceux qui ont le droit d'initiative voudraient saisir l'assemblée.

Ce jour-là l'appel des présents donne — cinquante-et-un cardinaux — neuf patriarches — six cent cinquante-trois primats, archevêques, évêques et abbés nullius, et vingt et un abbés mitrés — vingt-huit généraux d'ordres religieux; soit — en tout *sept cent soixante-deux Pères* assistants sur mille quarante-quatre inscrits.

La commission d'initiative est composée des cardinaux Patrizi, Antonelli, Bilio; des archevêques de Rouen, de Tours, de Malines, de Westminster; de de l'évêque de Paderborn et du patriarche latin de Jérusalem, Mgr Valerga.

REVUE DES TROUPES PONTIFICALES
A LA VILLA BORGHÈSE

15 Décembre.

Le pape a convoqué les Pères du concile à assister à une revue des troupes pontificales qui doit être passée par le général Kanzler.

La revue a lieu dans la villa Borghèse, à la porte même de Rome. Après tant de jours d'une pluie incessante, le soleil s'est levé splendide, et la foule s'est portée en masse vers la place du peuple, franchissant l'ancienne porte Flaminienne ouverte par Narsès au pied du Monte Pincio. A quelques pas de la place, on abandonne la route de Viterbe pour tourner à droite, les propylées de la villa se dressent en perspective. Jusqu'à présent nous n'avions vu la résidence des princes Borghèse que des hauteurs du Monte Pincio et de la villa Médicis qui la surplombent ; un grand portail d'ordre ionique, sorte de propylées, fait à la villa une préface monumentale ; puis s'ouvre une superbe allée, ponctuée à son extrémité par une fontaine de noble allure. A l'extrême horizon, un arc dressé sur un piédestal de rochers, encadre un Esculape antique dont la silhouette se détache sur le ciel.

C'est le cardinal Scipione Borghèse, neveu de Paul V,

Villa Borghèse. — Entrée des Bosquets.

qui a construit la résidence primitive, aggrandie à la fin du siècle dernier par le prince Marc Antoine, et embellie depuis par chacun de ses successeurs. C'est un exemple superbe de cette combinaison de l'art et de la nature qui fait des villas de Rome de véritables compositions dignes des plus grands artistes. Un certain abandon voulu, en quelques endroits de ces jardins immenses, donne au promeneur l'illusion de la solitude la plus profonde, aux portes mêmes de Rome. Le pin parasol, avec sa masse sombre nettement découpée, le chêne vert aux troncs rugueux, aux jets de branches d'un beau dessin, s'allie bien aux ruines, aux exèdres, aux temples, aux casinos dont la ville est semée. Jetés là comme par un heureux hasard, à chaque pas, une statue antique, un cippe, un chapiteau, une inscription, quelque noble vestige sur lequel grimpe le lierre, arrêtent le regard, et partout sous l'œuvre de la nature, on sent la main de l'homme qui en a prévu les effets et l'a conviée à collaborer avec lui.

Dans le palais fermé d'une grille et clos d'une de ces belles barrières de marbre à lourds balustres, amples de moulures, qui s'allient bien à la végétation des cyprès et des vieux lierres qui les rongent, tout un peuple de statues antiques forme un admirable musée. Là, le prince Marc-Antoine, réparant les pertes du prince Camille, qui avait vendu à Napoléon Ier les marbres de son musée (ils ont formé le fonds de notre musée des antiques du Louvre), a rassemblé une nouvelle collection sortie presque entière du sein même du sol de la villa, qu'il avait fait labourer à quelques mètres de profondeur sur une vaste superficie. Et cependant qui sait combien de blanches divinités dorment encore, sous ces tapis de mousse!

La foule est grande aujourd'hui; les voitures sillonnent la large avenue et s'arrêtent à l'Hippodrome dit "la place de Sienne „, fermé d'une haie basse et pourvu d'une route circulaire autour de laquelle règnent des rangées de gradins de pierre qui forment un cirque. C'est au centre de l'arène, évidemment faite aux temps des premiers Borghèse pour les grandes représentations hippiques, que se sont massées les troupes. L'enceinte étant trop étroite pour les contenir toutes, elles font la haie sur les collines, ceignant ainsi l'amphithéâtre d'un double cordon qui se déploie jusque sous les pins parasols où on voit briller les uniformes.

Nous sommes en face de cette petite armée pontificale qui, depuis neuf a ans, soutenu la lutte contre les efforts successifs de ceux qui revendiquent Rome pour capitale; il y a deux ans à peine, les forces ici réunies ont soutenu le choc à Mentana.

L'ensemble des troupes qui défile sous nos yeux

Un Zouave pontifical. — Dessin par E. Detaille.

doit s'élever à dix ou douze mille hommes, qui représentent l'armée pontificale tout entière, sauf quelques garnisons laissées dans les provinces. C'est une armée complète en miniature; car elle comprend l'infanterie, la cavalerie, l'artillerie, le génie, l'intendance, l'administration, les infirmiers, les troupes de maintien et de discipline, et les bataillons sédentaires. Le commandement en chef est dévolu depuis longtemps déjà au général Hermann Kanzler, de nationalité suisse, qui appartient depuis 1860 à l'armée pontificale comme officier supérieur. Au siège d'Ancône, le lieutenant-colonel Kanzler commandait les forts extérieurs, il a soutenu les dernières attaques en 1867, il commandait en chef à Mentana.

Le général passe devant nous à la tête d'un très nombreux et très brillant état-major auquel se sont joints les princes présents à Rome et quelques officiers de toutes armes et de diverses nations qui ont pris place dans l'escorte. Les gendarmes pontificaux ouvrent la marche.

L'armée pontificale, au moment où elle évolue devant nos yeux, est formée d'éléments empruntés à toutes les nationalités de l'Europe. La tradition s'est perpétuée depuis le moyen âge jusqu'à nos jours, mais l'élan de la foi et le dévouement individuel qu'elle inspire, ont eu la plus grande part dans cette agrégation de forces empruntées à toutes les nationalités de l'Europe. La noblesse romaine, en dehors de la garde noble, qui lui appartient presque tout entière, a fourni aussi des éléments à tous les corps. Dans les rangs des dragons, on compte des Lepri, des Borghèse, des Carpegna et un prince de Bourbon; dans l'artillerie, sont enrôlés les Rospigliosi, les Macchi, les Theodoli; dans les volontaires de la réserve, on constate aussi la présence de quelques noms illustres, un Salviati, un Patrizzi, un Lancilotti, un Sarsina, des Anticci, des Theodoli, des Bernardini. Les généraux s'appellent de Courten et marquis Zappi. Le colonel Lopez commande la place de Rome, le colonel Caïmi commande l'artillerie, le lieutenant-colonel Lana dirige le génie.

Les zouaves pontificaux et surtout le bataillon des *squadriglieri*, venu pour la première fois à Rome depuis sa formation, attirent le plus l'attention. Les zouaves pontificaux ne comptent peut-être plus aujourd'hui sous les armes tous les officiers et soldats qui ont pris part aux journées de Castelfidardo et aux luttes plus récentes qui ont signalé le mouvement de 1867 ; car, une fois le danger passé, beaucoup de volontaires ont regagné leur pays. Depuis le 18 mai 1860, où le général Lamoricière fit appel au monde catholique et où le pro-ministre des armées Mgr de Mérode a créé le corps franco-belge, qui fut l'embryon du corps des zouaves, la compagnie est devenue bataillon et le bataillon s'est fait régiment. Les noms de Becdelièvre, de de Chyllas, de Cordas, d'Yvonne, d'O'Reilly (qui avait groupé autour de lui les Irlandais), se retrouvent à la fondation du corps. Ceux qui le composaient alors ont fait leur devoir aux Crocette, à l'affaire des Cascine, à Castelfidardo, et les troupes qu'ils ont rencontrées ont souvent rendu justice à leur courage. En temps de paix on les a vus, dans la province de Velletri, purger la campagne des brigands qui la désolaient; et le 1er janvier 1867, le bataillon, bien instruit, aguerri, prêt à la lutte, s'est dédoublé pour faire le régiment définitif aux ordres du colonel Allet, du lieutenant-colonel de Charrette, des commandants de Lambilly et Troussures.

La composition de l'armée, à l'heure qu'il est, offre encore quelques particularités. Jamais troupe étrangère n'a réuni d'éléments plus divers soudés par une sévère discipline. Les Français et les Belges sont venus les premiers, à l'appel de Lamoricière et de Charrette. Les Irlandais, dont on sait l'exaltation religieuse, se sont groupés au nombre de 350 autour du major O'Reilly, formant le bataillon de Saint-Patrick, licencié aussitôt après 1860, mais dont les éléments sont allés se fondre dans les autres corps. Les Anglais et les Écossais, les Suisses, les Allemands du Nord et du Midi (les Autrichiens groupés autour du major Tuchman), les Italiens, avec une batterie tout entière fournie par la ville de Parme, des Espagnols, des Américains du Sud, et enfin jusqu'à des volontaires de l'Océanie, de l'Asie et de l'Afrique: ont contribué à la formation. La fusion de tant d'éléments divers s'est faite par la création de cercles nationaux sous la direction d'un aumônier de la région, avec Mgr Daniel pour aumônier en chef du régiment, à Rome même.

Dans la totalité du régiment, les Canadiens sont entrés pour une proportion de 250 individus, amenés par un aumônier, et abrités sous un drapeau blanc à la devise „Aime Dieu et va ton chemin" avec le castor pour emblême national. M. de Charrette a raconté qu'à leur passage à Rouen, où le cardinal de Bonnechose les avait généreusement hébergés, ces Canadiens avaient pris congé de lui en entonnant comme hymne national, la douce chanson de Frédéric Bérat, devenue populaire, „Je vais revoir ma Normandie". On dit même que ce mélancolique refrain est adopté chez eux comme une sorte d'hymne national; et, en effet, un grand nombre de ces Canadiens portaient des noms normands et tiraient leur origine de cette plantureuse province française.

L'état-major général, composé d'officiers généraux et d'officiers supérieurs auxquels se sont joints les attachés militaires et un grand nombre d'*amateurs* de toutes les nations, défile devant nous avec le général Kanzler à sa tête, ayant pour avant-garde un détachement de gendarmes pontificaux. Pour cette grande revue on n'a point assigné de place officielle aux Pères du concile; ils se sont placés à leur guise sur les terrasses. Dans une sorte de tribune qui ressemble à celle réservée aux prêteurs dans les amphithéâtres antiques, ont pris place l'impératrice d'Autriche, la reine de Wurtemberg, la famille royale de Naples (moins la reine retenue par son état de grossesse avancée), avec le duc de Parme et les autres princes présents à Rome. Si vaste que soit l'espace, il n'est pas propice au développement des masses, qui ont dû s'étendre sur les plans inclinés des collines dominant l'arène. Le véritable épisode de la journée se place au retour, quand l'armée quitte la villa pour rentrer dans ses cantonnements[1]. La plupart des prélats désertant les hauteurs

---

[1] On peut demander aux volumes publiés par M. le général baron de Charrette, par M. de Beaufort et par M. Jacquemont, officiers de zouaves pontificaux, des renseignements spéciaux sur la composition de l'armée pontificale. On sait la part brillante que chacun d'eux a prise aux campagnes où a figuré le drapeau. Plus tard, dans la campagne de France, en 1870, ces vigoureux officiers devaient encore se grouper sous le même étendard, à la voix de M. de Charrette; et cette fois encore, un ennemi, plus rude et plus implacable, devait rendre justice à la bravoure et au patriotisme du régiment.

autour de la *place de Sienne,* sont venus se grouper sur une terrasse qui borde la route par laquelle les troupes doivent passer. C'est la première fois, en effet, qu'on donne à la foule romaine le spectacle de la réunion des *squadriglieri,* troupes spéciales qui forment un ensemble d'un millier d'hommes revêtus d'un uniforme assez semblable à celui des montagnards de Frosinone. Tous appartiennent à cette province, où la plupart exerçaient la profession de bergers ou de bûcherons, et vivaient sur les hauts plateaux, entre Velletri et Frosinone. Un certain major Lauri s'est chargé de la formation du corps, lorsque le gouvernement pontifical

---

Voici, d'après un tableau extrait du volume *Les Volontaires de l'Ouest,* un *état* de l'ensemble des forces du Saint-Siège sous le commandement du général Kanzler.

Légion de gendarmerie, 12 compagnies (305 chevaux, un escadron)	2,083
Bataillon de sédentaires	622
Régiment d'artillerie	878
Génie	202
Bataillon de chasseurs	956
Régiment de ligne	1,595
Zouaves (régiment des)	2,237
Bataillon des carabiniers	1,233
Légion romaine	1,096
Squadriglieri	1,000
Dragons (2 escadrons)	442
Infirmiers	110
Soldats d'administration	60
	12,514

A LA VILLA BORGHESE

entreprit en 1866 la répression du brigandage. Ils ne constituent pas un corps séparé; rattachés à la gendarmerie, dont ils sont les auxiliaires, ils l'accompagnent dans toutes ses expéditions et restent aux ordres de ses officiers. Leur arme est la carabine; tous robustes, agiles, durs à la marche et d'une résistance incroyable aux intempéries de toute nature, en sept mois de campagne ils ont mis fin aux terribles exactions des brigands qui désolaient la province de Velletri et celle de Frosinone. Parfois ils ont dû se joindre aux troupes italiennes en face d'une nécessité de circonstance pour l'exécution de leur rude tâche, et leur vigueur a été très appréciée. Au lendemain de la revue, ces *squadriglieri* reprendront leurs quartiers dans la montagne, et lorsque le jour de la lutte sonnera, ils reviendront se grouper autour du Saint-Siège.

Tous les Pères orientaux, primats, patriarches, archevêques du Pérou, avec leurs grands chapeaux à la Basile doublés de soie verte, sont accoudés aux balcons des terrasses à balustres, butés à l'angle par un beau lion antique et couronnés par de grands ombrages; le soleil, qui perce ces fonds de sombre verdure fait jouer les mille couleurs des étoffes bariolées. Les troupes défilent en acclamant les prélats étrangers, et quand passent le drapeau blanc et jaune des zouaves et le bataillon des squadriglieri, l'enthousiasme est à son comble.

18 Décembre.

On annonce la mort du cardinal Pentini, Romain, âgé de soixante-douze ans, créé par Pie IX, en 1863, sous le titre de Santa Maria in Portico. Cette mort, à l'heure qu'il est, porte au chiffre de seize les membres qui manquent au Sacré-Collège.

20 Décembre.

La troisième congrégation générale a eu lieu aujourd'hui; on a nommé la députation ou la commission de la *Foi*, qui se compose de vingt-quatre Pères[1].

28 Décembre.

Quatrième congrégation, Élection de la députation de *la discipline*, composée du même nombre de membres que celle de la Foi[2].

---

[1] On ne parvient à nommer dans cette séance que la moitié des membres : L'évêque de Poitiers, l'archevêque de Cambrai, le primat de Hongrie, l'archevêque d'Utrecht, le patriarche arménien, l'archevêque de Posen, l'archevêque de Malines, l'évêque de Baltimore, l'évêque de Jaen, l'évêque de Sion, l'archevêque de Westminster, l'évêque de Paderborn.

[2] La commission de discipline se compose des Pères dont les noms suivent : archevêques de New-York — de Birmingham — Iwram — Mexico — Barcelone — Burgos — Lucques —

29 Décembre.

Aujourd'hui a eu lieu au palais Farnèse le baptême de la princesse Christine, fille de la reine de Naples. Le cardinal Patrizi, vicaire de Sa Sainteté, l'a tenue sur les fonts baptismaux pour le Pontife. Le cardinal Antonelli représentait Pie IX, qui a envoyé à la mère, comme présent de baptême, une pelisse brodée d'or aux armes de la reine, et un camée antique entouré de rubis. La marraine, l'impératrice douairière d'Autriche, était représentée par l'impératrice actuelle d'Autriche, sœur de la reine de Naples.

On annonce à Naples la réunion d'un anti-concile qui s'intitule *concile des athées-matérialistes*. Ce concile a son organe, „Giornale dei Atei", qui a sa succursale à Venise.

31 Décembre.

Cinquième congrégation générale, l'ordre du jour porte : „Discussion sur les erreurs philosophiques". On annonce au Concile la mort du cardinal de Rei-

---

Québec. — Patriarche latin d'Alexandrie. — Évêques de Nîmes — de Liège — de Genève — de Lemberg — Wurzbourg — Prino (Pérou) — du Mans — de Ségovie — Quimper — Santa-Crux (Bolivie) — Reggio — Ascalon — Caltanisetta — Orviéto — Sinigaglia.

sach, un des six de l'ordre des évêques (évêque de Sabine), créé par Pie IX en 1855.

On remarque que jusqu'ici Mgr Dupanloup, évêque d'Orléans, ne fait partie d'aucune commission, congrégation ou députation, qu'elle soit composée directement par le pape ou soit votée au scrutin ; ses adversaires bien connus, au contraire, ont déjà trouvé place dans plusieurs députations.

On se rend compte de la façon dont procèdent les discussions. Les commissions reçoivent des théologiens du Vatican les matières et les documents, elles les examinent, les amendent, et les portent aux congrégations générales, où on les discute pour la forme ; enfin on passe au vote. Les congrégations générales, ouvertes à neuf heures, ne durent guère que jusqu'à onze heures ; elles commencent toutes par une messe, puis on communique à l'assemblée le résultat des votes de la dernière séance; on lit le procès-verbal, et on écoute ceux qui se sont fait inscrire pour prendre la parole. Les discours sont très concis ; on a pris des mesures contre la longueur des discussions. Les votes ne sont jamais dépouillés immédiatement, les urnes sont scellées et emportées, ce sont les scrutateurs maréchaux du concile qui les dépouillent entre deux séances.

3 Janvier.

Nouvelle congrégation générale. Le président d'âge annonce la mort de quatre Pères du concile. Une certaine agitation règne parmi les prélats; un groupe de membres les invite à signer une demande d'inscription à l'ordre du jour du principe de l'Infaillibilité. Des protestations s'élèvent; le pape répond lui-même, rappelant à eux „les prétendus sages qui veulent qu'on se taise sur certaines questions et qu'on ne marche pas dans un sens opposé aux idées du temps. Ceux-là, dit le saint-père, sont des capitaines d'aveugles „duces ceccorum".

Mgr Dupanloup a pris l'initiative de la protestation. Il soupçonnait le fait de la proposition du dogme, mais il croyait encore qu'on reculerait devant les scrupules de certains prélats; suivant en cela l'exemple de Pie IV, qui avait donné pour instruction à ses légats de retirer les propositions qui soulèveraient des discussions irritantes. On apprend cependant aujourd'hui que cette question de l'Infaillibilité, „qui n'était point l'objet du concile, sera tout le concile". Une déclaration des évêques d'Allemagne réunis à Fulda, un mandement de l'archevêque de Munich, une lettre pastorale de l'archevêque de Paris, celle de l'évêque d'Orléans lui-même, les représentations du chanoine Dol-

Le Cardinal M⁰ de la Vallette.

linger contre la présentation du dogme; enfin d'autres preuves de l'impression pénible ressentie par des prélats dévoués au Saint-Siège : devraient détourner le saint-père de sa résolution.

La lutte est engagée; Mgr Deschamps, l'archevêque de Malines, se place directement en face de l'évêque d'Orléans et combat les doctrines gallicanes ; des lettres respectueuses, mais très fermes des deux parts, sont échangées entre les prélats. „L'opinion gallicane, dit Mgr Deschamps, a été supportée parce qu'elle se donnait uniquement comme une opinion, et qu'elle se réfutait heureusement elle-même dans la pratique ; mais aujourd'hui que le gallicanisme, malgré la croyance géné-

Le Cardinal Pecci.

rale de l'épiscopat et des fidèles, s'affirme comme une doctrine certaine : comment voudriez-vous que le Concile se tût?"

L'évêque d'Orléans répond, mais le Père Mariano Spada, dont l'*imprimatur* est nécessaire pour la publication, refuse de lui accorder son visa. Mgr Dupanloup veut que l'archevêque de Malines sache qu'il a tenté de rétorquer ses arguments, mais qu'il se voit dans l'impossibilité de les produire à la lumière. Il a pris, dit-on, la résolution de se jeter aux pieds du saint-père pour le supplier de s'arrêter dans la voie où il s'est engagé.

Le Cardinal Siméon.

6 Janvier.

La deuxième *séance publique* se tient dans l'*aula conciliaris*. Comme la première fois, les souverains, les princes et les ambassadeurs des puissances et les hauts fonctionnaires de la cour pontificale y assistent. Les Pères du concile se rendent dans la salle, un à un, sans traverser la basilique. La foule ne s'est point portée au Vatican comme le jour de l'ouverture, on commence à se blaser sur ces manifestations.

L'acte important de la séance, c'est la *profession de foi* de chacun des Pères, profession conforme à celle en usage au Concile de Trente. Le pape l'a faite le premier d'abord, à voix basse, puis l'évêque de Fabriano a lu la formule au nom de tous les Pères ; chacun alors a quitté sa stalle et, gravissant les marches de l'autel dressé en avant de la porte de l'aula, du côté du baldaquin, a juré sur les Évangiles en répétant la formule dans sa propre langue. Les Pères, chacun selon leur nationalité, se sont exprimés, soit en latin, soit en grec, en syriaque, en arabe, en chaldéen ou en arménien. Les protonotaires apostoliques ont donné acte de cette seconde séance publique ; il résulte de cette nouvelle expérience que l'acoustique est véritablement défectueuse ; on parle d'approprier différents locaux dépendant du Vatican, soit l'atrium supérieur de Saint-Pierre, soit une des salles du Quirinal ; l'église Saint-Martin sur l'Esquilin, ou celle enfin de la Strapontina.

10 Janvier.

Dans la congrégation générale qui se tient aujourd'hui on distribue aux Pères le programme des matières relatives à la discipline ecclésiastique.

12 Janvier.

Vingt-neuf évêques français, alarmés du bruit qui se répand avec persistance, de la présentation du dogme de l'Infaillibilité, adressent au saint-père une respectueuse représentation [1]. A eux se joignent quelques évêques étrangers, l'archevêque de Babylone, celui de Lamego (Portugal), celui de Faro (Portugal), les deux Hurmuz, archevêques des Méchitaristes, et Placide Kasangian, archevêque d'Antioche.

Quarante-cinq prélats austro-allemands, ayant à leur

---

[1] MM^{grs} Darboy, archevêque de Paris. — Jean Dubreuil, arch. d'Avignon. — J. O. Lyonnet, arch. d'Alby. — Jean Landriot, arch. de Reims. — Marguerye, év. d'Autun. — François-Victor Rivet, év. de Dijon. — J. Marc-Achille Ginouilhiac, év. de Grenoble. — Jean Devoucoux, év. d'Evreux. — F. Joseph Le Courtier, év. de Montpellier. — Louis Delcasy, év. de Viviers. — Paul Dupont des Loges, év. de Metz. — Jean Belaval, év. de Pamiers. — Jean Dours, év. de Saint-Brieuc. — Pierre Sola, év. de Nice. — Étienne Ramadie, év. de Perpignan. — Joseph Toulon, év. de Nancy. — Henri Maret, év. de Sura. — Pierre-Joseph de Preux, év. de Sion. — François Gueullette, év. de Verdun. — Benoît Thouras, év. de la Rochelle. — Flavien Hugonin, év. de Bayeux. — Guill. René Meignan. év. de Châlon. — Jean Bravard, év. de Coutances. — Charles-Philippe Place, év. de Marseille. — Jean Cullot, év. d'Oran. — Félix de Las Cases, év. de Constantine. — Aimé Guilbert, év. de Gap. — Charles Colet, év. de Luçon. — Félix Dupanloup, év. d'Orléans.

tête le prince de Schwarzenberg, archevêque de Posen, et Mgr Strossmayer, présentent aussi une humble remontrance.

15 Janvier.

Les Américains, qui ont réuni vingt-sept des leurs, dont cinq archevêques et vingt-deux évêques, ont présenté à leur tour leur protestation.

18 Janvier.

Les Orientaux, de leur côté, ont pris la résolution de protester, et présentent une adresse signée de trois patriarches, de quatre archevêques et dix évêques.

Le même jour, les rares Italiens qui suivent le mouvement dont les Français et les Allemands ont pris l'initiative, présentent leurs remontrances ; mais elle n'a réuni chez eux que six signatures, celles des évêques de Turin, de Milan, de Biella, de Pignerol, d'Albenga, d'Iglesia et d'Ivrée.

On dit que les Allemands ont été les plus énergiques dans leurs représentations, et on constate qu'ils ont déployé de profondes connaissances dans l'exposition de leurs griefs et la revendication de leurs droits. Les Français, plus respectueux dans la forme, ont été fermes et nets dans les termes ; les Américains, qui tiennent de moins près au Vatican, ont mis de la raideur et plus de décision; les Orientaux se sont montrés pleins de tendresse et mystiques dans les termes employés, mais ils ont déployé plus de fermeté qu'on n'en attendait d'eux. Les quelques Italiens que nous avons cités, clairsemés au milieu du grand nombre d'évêques de leur pays, ont été onctueux et diplomatiques. On espère encore écarter la décision contre laquelle sont dirigées toutes les protestations.

19 Janvier.

Nous voici dans la période la plus ardente du Concile; quelques échos de ce qui se passe dans les congrégations et les députations ayant transpiré au dehors, dans la séance de ce jour, la commission de discipline a publié deux *monita secreta* relatifs à la divulgation du secret et à la dissolution des groupes nationaux qui se sont formés et ont pu amener les protestations collectives. A l'avenir il sera défendu de se réunir en dehors des séances officielles; on parle de rigueurs à exercer contre les écrits des évêques.

22 Janvier.

Le prince de Schwarzenberg, archevêque de Posen, à la tête des évêques allemands, vient de protester contre le droit d'initiative enlevé aux évêques allemands et autrichiens.

26 Janvier.

Cent quarante évêques, appartenant aux diverses nations, qui ont signé les adresses au saint-père, font une tentative directe. Ayant obtenu une audience, ils se jettent aux pieds du saint-père en protestant de leur dévouement au Saint-Siège et demandent une dernière fois qu'on n'introduise point le dogme. Le pape répond avec fermeté; il fait encore allusion dans son discours „aux prétendus sages, *capitaines d'aveugles* (duces ceccorum), qui veulent qu'on laisse de côté certaines questions et qu'on ne remonte point le cours des idées du temps."

Le même jour, on annonce la mort du colonel d'Argy, officier français qui a formé la Légion d'Antibes. A deux reprises différentes le télégraphe a apporté aussi la nouvelle de la mort du cardinal de Bonald, doyen des cardinaux français. La nouvelle est prématurée, mais elle ne se vérifiera que trop tôt. L'illustre prélat n'a pu répondre à l'appel du Pontife, son grand âge et l'état précaire de sa santé l'ont retenu dans son diocèse. Il est âgé de 83 ans; sa première mission au Vatican remonte à l'année 1817

Le Cardinal de Bonald.

où, comme secrétaire de Mgr de Pressigny, archevêque de Besançon, il fut chargé de régler certains articles du Concordat. Aumônier royal en 1819, il fut nommé évêque du Puy en 1829; dix ans après il occupait le siège archiépiscopal de Lyon et réclamait le titre de *Primat des Gaules*. Il a sous sa juridiction ecclésiastique les quatre provinces de Lyon, de Sens, de Rouen et de Tours. Sa présence au Concile, vu son âge avancé, n'aurait pas apporté une force nouvelle aux évêques français, cependant l'émotion est grande dans l'épiscopat à la nouvelle de sa mort.

29 Janvier.

Le Souverain Pontife rend un décret qu'on peut considérer comme la réponse officielle aux adresses; il ne laissera plus aux évêques que „la liberté du bien". Désormais, dans les congrégations générales, on pourra rappeler à l'ordre, retirer la parole, et clore la discussion sur une demande signée de dix voix.

Encouragés dans leur résolution par l'attitude énergique du saint-père, les partisans de l'Infaillibilité présentent au Concile une pétition qui a pour but de définir immédiatement le dogme. „Les soussignés demandent humblement et instamment au sacré concile œcuménique du Vatican qu'il daigne sanctionner, par des paroles claires et excluant tout doute, que l'autorité du Pontife romain est suprême, et, partant, exempte de toute erreur, lorsque, dans les choses relatives à la foi et à la moralité, il établit et commande ce qui doit être cru et retenu et ce qui doit être condamné et repoussé par tous les chrétiens."

L'archevêque de Malines est l'âme de ce mouvement, c'est lui qui dirige et c'est lui qui définit.

Nous apprenons, par les échos répercutés qui nous viennent du dehors, des détails sur les luttes suscitées par ces résolutions extrêmes; une voix, presque une voix d'outre-tombe, s'élève pour encourager les évêques français au nom des libertés gallicanes. On se passe ici de main en main une lettre de M. de Montalembert, rendue publique par voie de la presse, où on lit le passage suivant: „Je salue avec la plus reconnaissante admiration, d'abord le grand et généreux évêque d'Orléans, puis le prêtre éloquent et intrépide, qui ont eu le courage de se mettre en travers du torrent d'adulation, d'imposture et de servilité où nous risquons d'être engloutis. Grâce à eux, la France catholique ne sera pas restée trop au-dessous de l'Allemagne, de la Hongrie et de l'Amérique. Je m'honore publiquement, et plus que je ne puis le dire, de les avoir pour amis, pour confrères à l'Académie française."

A partir d'aujourd'hui les événements se précipitent, et le fait capital du Concile, la décision qui prime toutes les autres, est considérée comme inévitable. La nuit se fait sur les délibérations, tout est contradictoire, tout est mystère. Nous ne pouvons que résumer les événements jusqu'à leur conclusion. On s'est compté des deux parts; sur *sept cent cinquante* présents (un certain nombre de Pères étant morts depuis le 8 décembre), on compte *deux cent vingt* d'entre eux qui ne voteront pas l'Infaillibilité.

Les gouvernements étrangers s'émeuvent de cette situation; en France, le comte Daru, qui a remplacé le prince de la Tour d'Auvergne aux affaires étrangères, revient sur la résolution prise d'abord, et demande l'admission d'un ambassadeur spécial au Concile.

Tout le mois de février se passe en travaux préparatoires, on négocie sans espoir, et l'objet des réclamations et des adresses présentées par les dissidents a pris un corps dans les congrégations générales.

Le 23 mars, Mgr Strossmayer, évêque de Sirmium, sur la proposition de dix membres, est contraint de descendre de la tribune pour avoir émis des doutes sur l'Infaillibilité. Le lendemain même, le pape, qui d'ordinaire n'assiste pas aux séances, se présente au Concile et prononce un discours éloquent, un ardent appel aux partisans du dogme; il essaye de grouper autour de lui le plus grand nombre de membres, et, se dressant sur le trône pontifical, lance un véhément appel aux défenseurs de l'Infaillibilité: „Ne m'abandonnez pas... Unissez-vous au nom du vicaire de Jésus-Christ." Ces paroles soulèvent un grand enthousiasme, la décision est irrévocable, mais toutefois, le 28 avril seulement on proclamera que, „laissant de côté tous les travaux à l'étude", on introduira le dogme de l'Infaillibilité et, sans tenir compte des protestations, on passera à l'examen.

Le 8 mai les opposants, qui voient s'évanouir leur dernier espoir, se réunissent en masse et renouvellent leurs protestations.

Le 20 mai, dans une congrégation générale, la discussion publique est ouverte, et les opposants usent du droit de faire valoir leurs arguments. Les orateurs sont Mgr Darboy, le prince de Schwarzenberg, Rauscher, Ketteler, Furstemberg, Hefeld et Melchers. Mgr Strossmayer revient aussi à la charge.

Le 13 juillet a lieu la dernière congrégation générale.

Le 16 juillet, cinquante-cinq nouveaux opposants rédigent encore une adresse et la remettent directement entre les mains du pape.

Le 18, la proposition, votée, passe à l'état de dogme, elle est proclamée solennellement dans la *quatrième séance publique;* et l'œuvre capitale du Concile du Vatican est accomplie. Les opposants se sont retirés et n'assistent point à la séance. Définitivement deux cent vingt archevêques, évêques et prélats ont refusé de s'associer à la promulgation[1].

Le 19 juillet, c'est-à-dire le lendemain même du jour où le dogme a été solennellement proclamé, le gouvernement impérial de Paris notifie à Berlin au gouvernement prussien la déclaration de guerre. Le même jour, le pape interrompt les séances du Concile, *sans le proroger ni le suspendre;* les Pères du concile prendront un congé facultatif jusqu'à la date du 11 novembre.

---

[1] Voici le *schéma* relatif à l'Infaillibilité :

« Nous enseignons avec l'adhésion du saint concile et nous définissons comme un dogme de foi que, grâce à l'assistance divine, il arrive que le Pontife romain, dont il a été dit en la personne de saint Pierre, par notre même Seigneur Jésus-Christ : « J'ai prié pour toi »... ne peut se tromper lorsque, en agissant en sa qualité de docteur suprême de tous les chrétiens, il définit ce que l'Église universelle doit tenir en matière de foi et de morale, et que cette prérogative de non-erreur ou d'infaillibilité s'étend aux mêmes matières que celles sur lesquelles porte l'Infaillibilité de l'Église. Mais si quelqu'un ose, ce qu'à Dieu ne plaise ! contredire à notre présente définition, qu'il sache qu'il s'éloigne de la vérité de la foi. »

Le 20 novembre, les événements se sont précipités; l'armée italienne entre dans Rome.

En fait le Concile est terminé, il ne restera plus qu'à proclamer officiellement sa clôture par une bulle spéciale. Un fait immense vient de s'accomplir dans l'histoire du Pontificat; le Quirinal se dresse en face du Vatican, et le Pontife, affirmant ses droits, se renferme dans la Cité Léonine.

CHAPITRE VI

LE VATICAN INTIME

Sommaire. — Le Vatican. — Ce qu'il renferme. — Partie ancienne. — Partie moderne. — Agglomération successive sous les divers Pontifes. — La cour Saint-Damase. — La salle Clémentine. — Audiences. — La garde noble. — Le majordome Mgr Pacca. — Appartements de réception. — Audience de l'ambassadeur du Portugal. — Le saint-père. — Biographie et portrait. — Le cardinal Antonelli.

Forum de Trajan.

Si, après avoir traversé le pont Saint-Ange, on débouche du Borgo sur la place Saint-Pierre, en face de la basilique, qui remplit tout le fond de la perspective, on voit à la droite, au-dessus de la colonnade du Bernin, s'élever un massif de constructions qui domine son entablement et son attique de toute la hauteur de ses trois étages, et dont la proportion peut paraître grande encore à l'ombre du dôme colossal. C'est dans cette partie du Vatican, relativement moderne, puisqu'elle est due à Urbain VIII, que réside le Pontife; autour de lui sont groupés les cardinaux, les évêques, les nonces, les diacres,

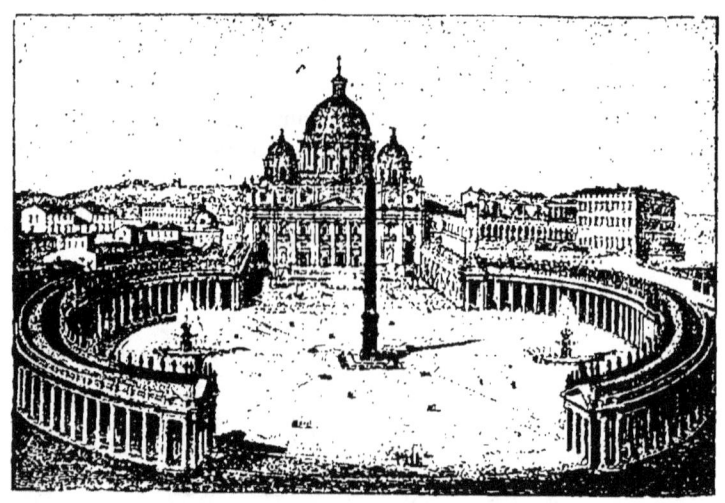

Saint-Pierre. — Le Vatican. — La Colonnade.

les monsignori, les abbés secrétaires, les auditeurs, les protonotaires, les abréviateurs, les rédacteurs des brefs apostoliques, les domestiques sacrés et subalternes qui font partie de la chancellerie romaine. L'autre *Cancelleria*, spéciale aux affaires extérieures, occupe le beau Palais de Bramante, type accompli de l'architecture de la Renaissance. Dépouillant leur caractère officiel et vaquant à leur office, tous les officiers pontificaux vivent ici en leur privé, et cette partie du Vatican, par opposition à celle qui contient les musées et qui s'ouvre au public, peut s'appeler le Vatican intime, tandis que l'autre est le Vatican monumental, officiel et historique.

Le grand pavillon massif ferme sur trois côtés la cour de Saint-Damase, et se soude obliquement à un autre groupe de constructions irrégulières, nées des nécessités et des caprices des Pontifes du XVe et du XVIe siècle, qui contient: *les loges du Bramante et de Raphaël, — les appartements Borgia, — la salle ducale, — la salle royale, — la Chapelle Sixtine, — les stanze de Raphaël et la Chapelle Pauline.* C'est, de tout cet immense ensemble architectural, la seule partie qui soit apparente du dehors par ses façades extérieures; elle est de beaucoup la plus attrayante au point de vue de l'histoire; pleine de souvenirs, elle recèle aussi les chefs-d'œuvre de la Renaissance; et les grands papes du XVe et du XVIe siècle, les Pie II, les Martin V, les Alexandre VI, les Jules II et les Léon X, y ont attaché leurs noms.

Tout cet ensemble, ainsi rattaché à la basilique, et qui communique avec elle par la scala regia, est restreint par sa dimension, si on le compare, dans le plan général de l'édifice, au vaste parallélogramme de constructions plus modernes, dont elle forme la base, et qui s'étend sur plus de cinq cents mètres de longueur. Fermé au sommet par le musée Pio Clementino, le musée étrusque, la cour octogone, le musée égyptien, ce parallélogramme est clos à l'est par un long couloir, le musée Chiaramonti, à l'ouest (sur une disposition identique), par la galerie de la bibliothèque; il est enfin coupé dans sa longueur par la cour du Belvédère, le Braccio Nuovo et le jardin della Pigna. Cette seconde partie, officielle, publique, accessible à toute heure aux étrangers, avec ses musées d'étude et ses collections, est de création relativement moderne; elle est disposée sur un plan d'ensemble qui n'a fait que se modifier ou se compléter, au gré des divers Pontifes, qui ne perdirent jamais l'idée d'achever la conception, et, malgré la rigueur des temps, songent encore à la poursuivre.

Si le premier Vatican est la création épique, le lieu auguste consacré par l'histoire, avec le Pinturicchio, Ghirlandaio, Cosimo Rosselli, Michel-Ange, Raphaël et le Bramante; l'autre, à côté des plus beaux marbres antiques du monde, contient les monuments chrétiens, les étrusques, les trésors des manuscrits dans la bibliothèque, les secrets impénétrés de l'histoire dans les Archives ou *Secreta*. C'est tout un monde de traditions, et on peut dire que là sont réunis les souvenirs du

La Cancelleria. — Palais du Bramante.

monde païen à côté des titres de l'état civil du monde catholique tout entier.

Trente grandes salles, neuf galeries, sept grandes chapelles réservées, des musées sans nombre, vingt cours, huit escaliers d'apparat, deux cent huit escaliers de service, des parcs, des jardins ombreux, des potagers, une vigne, un casino, une meunerie et une fonderie de canons; onze mille chambres enfin, forment autour de Saint-Pierre un ensemble unique au monde par son caractère, vaste comme l'Escurial, presque aussi grand que Mafra, plus riche que le Louvre, et dont notre palais de Versailles pourrait être la vigne ou le Trianon.

Le nom est auguste, *Vaticinia-(Oracles)*; l'agglomération se forme peu à peu, chaque siècle, chaque Pontife y va laisser sa trace; Léon IV, au IXe siècle, environne la basilique de murs fortifiés pour la défendre des incursions des Sarrasins, et il adosse un presbytère pontifical à l'église pour que le prêtre soit plus près de la chaire de saint Pierre; il crée la cité Léonine, et à partir de ce moment chacun de ses successeurs l'agrandira sans relâche. Au XIIe siècle Célestin III rebâtit le palais pontifical de fond en comble, Nicolas III l'embellit; Grégoire XI, qui ramène le Saint-Siège d'Avignon à Rome, l'habite à son tour: il y tiendra bientôt le premier conclave. De la basilique primitive il reste à peine un souvenir dans les fresques, dans les mosaïques et les autres représentations graphiques ; Innocent VIII a fait le belvédère, Nicolas V les grandes fabriques latérales, Alexandre VI, le Borgia, a voulu, lui aussi, laisser sa trace en achevant le travail de Nicolas et faisant construire pour lui-même les appartements Borgia décorés par le Pinturicchio. Jules II déclare qu'il a horreur d'habiter sous les mêmes voûtes que ce Rodrigues Borgia, père de César et Lucrèce, et ne veut point (comme il l'a dit lui-même à Paride de Grassis, le maître des cérémonies pontificales, qui nous l'a répété) avoir à chaque instant sous les yeux, peinte par le Pinturicchio, „l'image de ce *marrane, de ce juif, de ce circoncis, afin de n'avoir pas à se rappeler sa mémoire exécrable et scélérate*[1]". Jules II abandonne donc ces salles inférieures, il s'installe personnellement à l'étage supérieur, et va tout y renouveler : Michel-Ange peindra la Sixtine, Raphaël décorera les stanze ; après lui Léon X commandera les loges de la cour de Saint-Damase, dont Raphaël dessinera le portique à trois étages, orné de stucs et de peintures par Jean d'Udine. Paul III, Pie IV, Grégoire XIII, tour à tour

---

[1] Ce sont les propres expressions du *Diarium* du maître des cérémonies, le successeur de Burckardt, Ceremoniere de la chapelle pontificale (P. de Grassis Diarium, t. III, p. 364).

compléteront l'œuvre, et Sixte-Quint, pour la bibliothèque, qui n'est jusqu'à lui qu'un réceptacle étroit, fera construire le corps principal, cette fameuse *libreria Vaticana*, une des plus belles et des plus riches du monde.

Partout la formation est lente et successive, mais si, dans la première agglomération, elle procède sans plan d'ensemble et sans souci de la veille et du lendemain, après la Renaissance, l'achèvement est soumis à des lois d'équilibre et de pondération architecturale.

Clément XIV avait commencé le Museo Clementino, Pie VII ajoute le Braccio Nuovo, et Grégoire XVI fonde le Musée étrusque et le Musée égyptien. La basilique de Saint-Pierre semblait indépendante du Vatican et ne communiquait que par des accès étroits; Alexandre VII, Chigi, demande au Bernin le dessin de la *scala regia*, et ainsi de suite, jusqu'à nos jours, chacun apporte sa pierre. C'est même à Pie IX qu'on doit le bel escalier de marbre qui, de la cour de Saint-Damase, conduit à la salle Clémentine.

De l'avis d'un grand nombre de juges intelligents, en Italie et ailleurs, cette verrue immense, ces trois étages massifs du Vatican privé, vus de la place Saint-Pierre, nuisent à la majesté de l'ensemble du monument; mais, en somme, de ce concours de chaque pape, de ces goûts divers, de ces besoins nouveaux, des libéralités de celui-ci, de l'avarice de celui-là, du génie de l'un, du goût baroque de l'autre, est né cet entassement prodigieux, ce rendez-vous de palais et de salles, de musées, de collections, où le Bramante, Raphaël et San Gallo coudoient Ligorio et Fontana, et où Maderno donne la main au Bernin.

Tout cela c'est le Vatican, c'est-à-dire quelque chose de prodigieux, de prestigieux, d'indescriptible et d'unique : c'est le lieu où la sybille rend ses oracles. Là, un sublime vieillard, comme une divinité invisible ou qui n'apparaît qu'au milieu des pompes du culte, peut, en balbutiant quelques paroles, remplir d'angoisses des millions de croyants, exalter leur foi, raffermir leur conscience, rasséréner ou troubler leurs âmes.

Laissons aux ciceroni et aux guides officiels le soin de diriger les voyageurs dans le Vatican public, et engageons-nous en flâneurs sous la colonnade de droite du Bernin, pour nous arrêter à la première porte qui s'ouvre sous le portique. La garde suisse veille à l'entrée d'un bel escalier de marbre blanc, orné de stucs, qui va nous conduire à la *cour Saint-Damase*.

Cet escalier, d'une superbe allure, orné d'inscriptions qui indiquent le but et la date récente de sa construction, est divisé en plusieurs paliers; au moment où nous gravissons les marches, un prince de l'Église passe devant nous et coudoie un brave homme de la campagne qui vient sans doute voir son fils le diacre. Spectacle étrange, contraste bien frappant, mais bien habituel dans ce Vatican à la fois pompeux et plein de bonhomie; nous voyons passer après lui une belle fille qui va Dieu sait où, portant sur la tête une manne de laitues et des concombres; elle gravit les marches nobles, et, au premier palier, elle disparaît dans un couloir de dégagement qui la mène à quelque office. La belle fille monte, un capucin descend avec son parapluie rouge et son panier; c'est le commissionnaire quotidien de quelque couvent, l'inévitable *capuccino* attaché, il y a quelque temps encore, à chaque ménage, et qui rendait mille petits services. Nous le suivons des yeux; arrêté au même palier, il a pris congé d'un domestique moitié prêtre, moitié laïque, son neveu ou son allié, avec lequel il causait mystérieusement en faisant de grands gestes.

A cette heure matinale, le va-et-vient est incessant et très pittoresque. La porte à laquelle a sonné le capucin est celle de l'appartement du majordome du saint-père, Mgr Pacca.

Le lansquenet jaune et vert, à casque d'acier, qui,

la hallebarde au poing, veille au pied de l'escalier de la cour Saint-Damase, si nous étions en France, aurait pour consigne inévitable de chasser la belle fille et de faire passer le moine par l'escalier de service ; quant à moi, il me demanderait d'un ton bourru où je dirige mes pas : au temps où nous écrivons, au Vatican, il lance un coup d'œil avec un lazzi à la *contadina*, il répond avec bonhomie au salut du moine, et nous laisse passer.

Nous franchissons donc les marches et débouchons dans la cour Saint-Damase ; elle forme un terre-plein à un niveau très élevé au-dessus du sol de la place, et nous sommes étonnés de trouver là des carrosses, des escortes de cavaliers le sabre au poing, prêts à accompagner quelque ambassadeur venu à l'audience. Cette cour est entourée de vastes portiques, de *loges* à l'italienne, autrefois ouvertes, fermées récemment par le cardinal Antonelli. Mariano, Bramante et Raphaël, successivement, ont été appelés à les construire ; Raphaël, venu le dernier, a donné le dessin de l'aile gauche, connue sous le nom de *Loges de Raphaël*. Grégoire XIII et ses successeurs ont fait répéter le dessin du Sanzio sur deux autres faces ; et la quatrième date de Pie IX, qui l'a fait élever par Martinucci, chargé aussi de la construction du bel escalier de marbre que nous venons de gravir pour arriver jusqu'ici.

Le Vatican. — La Salle Clémentine.

L'aile droite contient les appartements du saint-père; celle de gauche, par son arc central, donne accès aux carrosses qui vont traverser les cours intérieures, sortir par derrière l'abside de la basilique, la contourner et, passant sous l'atrium, revenir sur la place Saint-Pierre après un détour de plus d'une demi-lieue qui rachète la différence de niveaux de la cour Saint-Damase.

LES APPARTEMENTS DE RÉCEPTION DU SAINT-PÈRE

Nous allons pénétrer aujourd'hui jusqu'à la salle d'audience du saint-père; quittons donc le seuil de la cour de Saint-Damase, et gravissons, sous l'arc central du rez-de-chaussée de l'aile droite, en face des loges peintes par Jean d'Udine, l'escalier réservé qui mène à l'appartement pontifical. C'est encore une création moderne que cet escalier, froid et riche, de proportions cossues, d'un goût sage, mais dépourvu de fantaisie, et qui fait contraste avec les intérieurs de la Renaissance. Les marches sont en marbre blanc, les murs sont revêtus de ces stucs d'un caractère industriel qu'on a substitués depuis le dernier siècle aux revêtements de vert antique ou de cipolin; les fenêtres sont ornées de vitraux brillants, mais sans caractère dans le dessin comme dans la couleur, et dont l'effet donne à réfléchir à ceux qui nient la supériorité des peintres-verriers des siècles passés. Arrivés au second palier, nous retrouvons la garde suisse qui veille à l'entrée d'une salle immense, la hallebarde au poing. C'est l'entrée de la salle Clémentine.

LA SALLE CLÉMENTINE. — Ici les proportions sont démesurées, hors nature, et l'aire de cette salle vide, sans un meuble et sans aucun accessoire, semble la nef d'une cathédrale. Tout autour règnent des lambris plaqués de marbres et de mosaïques; les parois au-dessus de ce soubassement sont décorés de grandes fresques qui montent jusqu'aux frises. La lumière ne vient que d'un seul côté, par des fenêtres trop hautes prenant jour sur la cour Saint-Damase; elles ne distribuent qu'une lumière insuffisante qui jette un peu de mystère dans l'énorme espace. Aux murs, ce sont des apothéoses, des saints ravis au ciel, des cérémonies religieuses célébrées sous des pavillons mystiques, avec de grands fonds d'architecture. Aux voûtes, des anges aux audacieux raccourcis plafonnent, jetant des palmes aux martyrs. C'est bien le type de la salle des gardes d'un palais pontifical, où le caractère religieux s'allie au luxe d'un prince souverain. Bibiena a connu ces architectures grandioses qui valent surtout par les proportions et les saillies. Au fond, dans l'axe, découpant son entablement sur la fresque même, s'élève une cheminée monumentale, dont l'âtre clos sert de râtelier aux hallebardes des lansquenets. Une escouade de vingt-cinq de ces gardes, casque en tête, occupe le coin de la salle à notre droite, bivouaquant autour d'un brazero. Un certain nombre d'entre eux sont assis sur les bancs de chêne qui règnent au pourtour, et leur casque à plume atteint à peine le premier soubassement du haut lambris. L'homme disparaît dans l'architecture donnant ainsi la mesure réelle de ses vastes proportions.

La porte du fond, à droite, où la garde veille, mène chez le saint-père; celle à gauche de la cheminée donne accès à une salle assez vaste où s'élève un autel, et qui sert parfois de salle d'audience. Au moment où nous entrons dans la salle Clémentine, elle est pleine de mouvement; c'est un jour de réception, tout le monde est affairé, on se sent dans le quartier général de la religion. Le pape va recevoir des évêques américains et un ambassadeur. Les rangs sont confondus, et si la foule est grande, les larges espaces vides montrent cependant la grandeur de ce vaisseau. De temps en temps un cardinal au chef branlant sort de chez le saint-père; il marche avec peine en relevant sa traîne et montrant ses bas rouges; l'officier des suisses appelle alors à la garde ; chacun court à la cheminée, saisit son arme et faisant retentir les dalles d'un coup de hallebarde, rend les honneurs au prince de l'Église.

Ici et là stationnent des pèlerins, des étrangers en tenue de gala qui espèrent voir le saint-père ; des prêtres qui viennent parler au cardinal dont ils dépendent, et toute une foule curieuse par les types, l'attitude et le costume. Sur les bancs tout autour, les domestiques, clercs ou laïques attendent ; la plupart portant des

Capitaine des Lansquenets.

paquets. Celui-ci tient un camail, cet autre tient un rochet, un troisième, naïvement, porte des souliers à la main, et la plupart laissent pendre le grand chapeau cardinalice à glands d'or. Des huissiers, en bas de soie noire, chaussés d'escarpins à boucles d'argent, et portant le petit manteau noir retenu aux épaules, attendent leurs Éminences; à chaque instant la foule s'accroît, et au milieu de ce va-et-vient, on peut se perdre et passer inaperçu. Quand les cardinaux sortent, les rangs s'ouvrent, les prêtres viennent baiser humblement l'anneau des prélats, qui, machinalement, avancent la

Capitaine de Garde noble.

main en ébauchant un sourire banal. Nous prononçons le sésame qui nous permet d'avancer, et nous pouvons franchir la porte de droite qui mène aux appartements pontificaux. Elle ouvre sur une salle de très petite proportion ; les gardes suisses y sont remplacés par dix valets en velours carmin, avec le bas blanc, la blanche cravate et la manche collante en soie grenat qui sort d'une grande double manche pendant jusqu'à terre, comme une paire d'ailes.

Au milieu de la salle est installé l'inévitable brazero classique en cuivre rouge, et les valets, debouts se chauffent en devisant. C'est bien là l'exact tableau que Ferdinand Heilbuth a peint sous le titre *Brelan de valets*. Tout autour de la pièce, aux lambris de chêne, et dans les armoires ouvertes, pendent les parapluies à gros glands, les coussins rouges pour la prière, et les grands chapeaux des cardinaux attachés au saint-père. L'aspect n'a plus rien de pompeux ; c'est plutôt une scène intime, malgré la tenue d'apparat des valets. Cette antichambre peu à peu se remplit d'abbés subalternes et de laïques qui ont obtenu audience ; on ne sait trop auquel entendre et il y a là quelque confusion.

Une porte fait face à celle qui donne accès à la Clémentine ; elle est dissimulée sous un tambour, et de temps en temps j'en vois sortir un camérier de cape et d'épée, ou un officier des gardes nobles précédant un groupe d'évêques étrangers qu'ils reconduisent jusqu'au seuil de la grande salle ; un autre groupe entre, nous le suivons, et nous nous trouvons encore dans une seconde salle d'attente. Cette fois on doit être bien près du sanctuaire ; les voûtes sont hautes, les proportions sont nobles, et la décoration est à la fois sévère et riche, les murs sont ornés de belles peintures de maîtres. Dans les embrasures des fenêtres, de beaux jeunes gens en grand uniforme, le casque en tête, avec l'épaulette d'or et la culotte de peau blanche, stationnent en parlant à voix basse ;

Un Prince romain.

c'est la garde privée du saint-père, la garde noble. L'institution est assez récente; le pape Pie VII l'a créée sur le conseil du cardinal Consalvi, qui voyait les cadets de famille s'affilier un à un au carbonarisme; elle a résisté aux efforts de Mgr de Mérode, qui demandait la dissolution d'un corps uniquement de parade, et prétendait lui demander une coopération plus effective; mais il y avait là une tradition de privilèges conférés aux cadets des familles princières, dont quelques-unes sont assez déshéritées. Si, comme le demandait le pro-ministre des armes, on avait fait faire le service d'honneur par l'armée régulière, c'en était fait des grades héréditaires qu'on se transmet dans les familles et qui offrent une ressource sur laquelle celles-ci comptent.

Le capitaine commandant de cette garde a le rang de lieutenant général; au temps où nous écrivons, le grade appartient à Don Carlo Felice Barberini, duc de Castel Vecchio. Le capitaine est don Emilio, prince Altieri; le poste de porte-étendard du corps se transmet dans la famille Patrizi. Le titulaire actuel est le marquis Naro Patrizi Montoro. Les lieutenants, assimilés au grade de généraux de brigade, sont les comtes Vespignani et Dandini. Il y a en outre, comme service d'honneur auprès du saint-père, une autre garde spéciale, dite garde palatine; puis vient le service civil de la chambre, et enfin les camériers secrets de cape et d'épée.

Aujourd'hui deux princes romains sont de service : le prince Colonna et le prince Orsini; leur costume rappelle celui des seigneurs de la cour d'Espagne au XVIIe siècle; leur moustache pommadée et leur coiffure cirée, trop moderne, contrastent avec la fraise espagnole qui joue sur la soie noire et le velours du pourpoint. Le costume des *sénateurs*, les descendants des *Pères conscrits* de l'ancienne Rome, garde aussi le cachet de la Renaissance.

Peu à peu la salle où nous sommes se remplit, les camériers chargés d'introduire consultent leurs listes et viennent au-devant des personnes qui vont être admises en présence du saint-père. Un vieillard de petite taille, à la physionomie très caractérisée, portant un habit brodé d'or avec le grand cordon de la conception de Villaviciosa, tient la tête d'un groupe de jeunes hommes bruns aux traits accentués; tous portent l'uniforme diplomatique. C'est le comte de Livradio, l'ambassadeur de sa Majesté Très Fidèle auprès du saint-père, suivi de tout le personnel de la légation portugaise. A sa suite, nous nous engageons dans un petit couloir singulier d'aspect, de la dimension d'une chaise à porteur, une sorte de petite passerelle capitonnée, jetée sur l'abîme des cours vaticanes, et qu'on a suspendue après coup aux hautes

Un Sénateur romain.

murailles par des grappins de fer. Ce petit couloir

nous a frappé, c'est un de ces appendices architecturaux nés de la nécessité des choses, qui, dans les lignes extérieures d'un monument, ont une expression

Antichambre de Sa Sainteté.

très nette, toujours très visible et toujours pittoresque.

La galerie suspendue accède à un cabinet de très petite dimension, mais d'une hauteur monumentale; là se tient un ecclésiastique, sec d'allure, aux traits coupants, à la face anguleuse, plein de distinction toutefois et dont la physionomie révèle une personnalité; c'est Mgr Pacca, le majordome de Sa Sainteté.

Mgr Pacca n'est pas prêtre; il appartient à une illustre famille du Bénévent et est voué à l'Église par tradition. Son grand-oncle a été un instant compagnon de captivité de Pie VII, mais on ne lui accorda pas la grâce de suivre le Pontife à Fontainebleau; il resta enfermé pendant trois années à Fenestrella. Bartoloméo Pacca était évêque de Velletri; il fit élever son neveu au séminaire de cette ville. Depuis Grégoire XVI, le neveu est camérier secret; successivement chanoine de Saint-Pierre, rapporteur au Buen Governo, assesseur au tribunal criminel, rapporteur à la consulte; il a rempli deux missions en France, et suivi le saint-père comme camérier dans le dernier voyage qu'il a fait dans les États pontificaux. Son majordomat ne date que d'une année [1]; il remplit ses fonctions avec un zèle rare. Au moment où nous pénétrons à la suite de l'ambassade, le majordome

---

[1] Nous suivons nos notes prises au moment du Concile et n'essayons pas de compléter les indications relatives aux personnalités dont nous citons les noms. Bien des années se sont écoulées, un certain nombre de ceux qui figurent dans ces croquis de voyage sont morts, d'autres pleins de force et d'existence sont devenus des vieillards. Mgr Pacca, six années plus tard, a été créé cardinal de l'ordre des Diacres, sous le titre de S. Maria in Portico.

est agenouillé devant un prie-dieu, un camérier de cape et d'épée, qui se tient debout, la face contre le mur, lit une liste fixée dans un petit cadre : c'est celle des audiences ; au bruit de nos pas, le personnage se retourne, et, informé déjà, sourit à l'ambassadeur que l'introducteur lui présente ; il prie toute la comitiva d'ôter ses gants ; une lourde draperie soulevée par une main invisible nous laisse voir le saint-père, juste dans l'arc de la porte, assis sur un trône drapé de blanc, surmonté d'un baldaquin de même couleur. Sa Sainteté porte un camail cramoisi à bordure d'hermine et un bonnet de même étoffe, bordé de duvet de cygne ; c'est le bonnet traditionnel, le même qui figure dans les portraits célèbres de Raphaël et dans celui d'Innocent XII, au palais Doria.

La lourde draperie ne retombe point encore ; ce fond blanc, cette note vigoureuse de l'étoffe du camail, n'éteignent point, à distance, l'incroyable éclat des yeux du Pontife, étincelle persistante qui éclaire la physionomie grise et presque effacée. L'auguste vieillard, d'un geste aimable, convie l'ambassadeur à avancer jusqu'au trône.

LE PAPE PIE IX

Au moment où nous le contemplons de près pour la première fois, après l'avoir vu passer hier, comme dans une apothéose, porté sur la *sedia gestatoria*, enveloppé des fumées de l'encens, et comme transfiguré, le saint-père, vers lequel l'Europe tout entière a les yeux tournés, a déjà vingt-trois années de pontificat. Il fera mentir la légende et vivra les années de saint Pierre.

Qu'on s'arrête au Vatican l'âme remplie d'une foi ardente, ou simplement respectueux, en dilettante, en voyageur profane et en homme du monde, il est impossible de ne pas se sentir ému en face de ce vieillard au moment où, de tous les côtés, les vagues viennent battre la barque de saint Pierre.

L'élection de Pie IX au pontificat est une de celles dont l'histoire gardera le souvenir; le conclave ne dura que deux jours, mais son élévation fut une surprise pour les cardinaux eux-mêmes; quelques-uns, en lui donnant leur voix, inscrivaient son nom sur leur bulletin par stratégie pure, pour n'en point écrire un autre, et dans le but de briser un courant. Ceux qui étaient sincères et désintéressés ne le connaissaient que par ses vertus, puisqu'il hantait peu le Vatican; et

Portrait de Pie IX.

tous savaient qu'il n'aspirait point aussi haut. Le sort ce jour-là l'avait fait scrutateur; les premiers bulletins qu'il dépouilla portaient son nom, son émotion fut si vive qu'il cessa de lire; quand il put reprendre sa lecture, le même nom sortit encore plusieurs fois de l'urne; il se prit à défaillir, et on dut le remplacer aux urnes. Quand Mastaï revint à lui, il était le successeur de saint Pierre; les autres voix s'étaient portées sur les cardinaux De Angelis, Gizzi et Lambruschini.

La vie du pape fut de tout temps un exemple pour tous; né le 13 mai 1792 à Sinigaglia, dans les Marches d'Ancône, il est des comtes Mastaï Feretti. Un des premiers exemples qui ont frappé ses yeux, c'est l'arrestation de son oncle, l'évêque de Pesaro, conduit à la citadelle de Mantoue par les Français. Dans sa jeunesse, Mastaï était sujet à des attaques d'épilepsie, et comme Pie VII, auquel il avait confié ses angoisses, le pressait néanmoins d'entrer dans les ordres et de se réfugier dans la prière, il crut qu'un miracle s'opérerait en sa faveur, et il l'appela par d'ardentes prières. Quelques années après, ayant acquis la certitude de se voir enfin délivré d'une maladie réputée incurable, sa piété s'exalta jusqu'au mysticisme. D'un caractère modeste, Mastaï débuta comme desservant dans l'hospice de Tata Giovanni; il y resta jusqu'en 1823, en devint directeur, et ne quitta ses ouailles que pour accompagner Mgr Muzi au Chili, afin de prendre en main les intérêts des missionnaires ruinés par les révolutions qui désolaient l'Amérique du Sud. Le voyage fut cruel; une tempête sur les côtes de la Catalogne, une arrestation à Palma par les autorités espagnoles, un abordage de flibustiers et une seconde tempête dans le Pacifique, mirent à l'épreuve le courage des missionnaires. Cinq mois après le départ, ayant traversé la Cordillère des Andes, marchant sans trêve, nuit et jour entourés de dangers, ils arrivèrent à Santiago, et malgré leur résignation, leur sang-froid et leur énergie, ils durent en repartir sans obtenir satisfaction. Rentré en 1825 à Rome, le pape Léon XII fit de Mastaï un chanoine, puis un directeur de l'hospice Saint-Michel à Ripa-Grande, et en 1827 il le préconisa évêque de Spoleto, où le prélat resta cinq années.

L'évêque de Spoleto était à la hauteur des événements qui allaient se produire; ses ouailles s'étant associés au mouvement national italien pour secouer le joug de l'Autriche, un général s'avança à la tête d'une division armée avec ordre de mettre la ville en état de siège et de la réduire. Mastaï alla au-devant de la force armée, la mitre en tête, la crosse à la main, demandant qu'on lui laissât le soin de ramener les coupables. Le commandant céda, mais il laissa auprès de l'évêque un commissaire chargé de faire une enquête et de dresser une liste des coupables qu'on enverrait à Rome. Le jour où on soumit la liste de ces insurgés à l'approbation de l'évêque, celui-ci la livra aux flammes sans la lire. Nommé en 1833 évêque d'Imola, la charité de Mastaï devient légendaire ; il vend ses meubles et son argenterie, engage ses émoluments pour soulager les pauvres, et un jour les cardinaux envoyés en mission le surprennent dans un état complet de dénuement. Le 23 décembre 1839, Mgr Mastaï Ferretti fut enfin créé cardinal par Grégoire XVI, qu'il devait remplacer en 1846 sur le trône de saint Pierre. Pie IX ceignait la tiare à l'âge de 54 ans. Les hommes de notre âge, dans leur enfance, ont pu entendre les échos de l'allégresse générale avec laquelle on accueillit en Italie les premières années de ce pontificat. Il semblait qu'avec les réformes et les amnisties, la concorde et la paix allaient descendre sur la terre, et la réconciliation des peuples semblait cimentée.

De tous les points du globe on accourait au Vatican porter un tribut d'hommages et d'admiration ; ce nouveau pape était le lion de l'Italie, le porteur de la bonne nouvelle, son image tirée à dix millions d'exemplaires, comme plus tard celle du héros populaire qui devait le chasser du Vatican, figurait aux murs de chaque cabane dans la Péninsule tout entière. Les Juifs eux-mêmes lui rendaient hommage, et, dans les synagogues, on ordonnait des prières publiques en faveur de celui qui avait renversé les barrières du Ghetto. Le sultan envoyait le cheik Effendi porter le tribut de reconnaissance de l'islamisme tout entier; à Belfast, dans un meeting du clergé presbytérien, Grimshaw et Montgommery déclaraient que le saint-père serait le régénérateur de l'Europe.

Pie IX était devenu le plus populaire des souverains de l'Europe; familier d'allure, tout en restant grandiose et sublime, il allait au chevet du pauvre, il goûtait le pain des soldats pontificaux et le faisait changer, et la légende peu à peu se formait. Un jour, ayant lu sur un mur du Borgo une interrogation politique et séditieuse adressée à son ministre Gizzi, le Pontife saisissait un charbon et répondait au vœu populaire par un mot topique et spirituel. Bannissant les réticences, il caractérisait toutes les situations par un mot alerte, vif et bien frappé, et savait aller au-devant des solutions au lieu de les attendre du temps et de les laisser à la Providence. Tout en s'identifiant avec les petits, il savait rester grand; et l'Europe entière, comme prise d'un vertige d'enthousiasme, s'associait à l'admiration que ce nouveau Pontife soulevait alors en Italie. C'est le temps où M. Thiers, qui se prétendit toute sa vie rebelle aux illusions, s'écriait à la tribune française:

«Courage saint-père! courage! Le Saint-Siège et le Piémont sont appelés à être les deux grands instruments de la régénération italienne. Le pape en est l'âme, le Piémont en est le bras."

Mais l'heure des illusions passera vite, et tout va bientôt changer. La république proclamée en France, le Tyrol se soulève, Venise secoue ses fers, Charles-Albert marche contre Radetsky, Pie IX est debordé, et Rossi, son ministre, est assassiné en plein jour et en pleine cité: le fer qui l'a frappé, couronné de fleurs, est exposé au café des Beaux-Arts. Mgr Palma, secrétaire des lettres latines, tombe à son tour en plein Quirinal, on met le feu aux portes du palais pontifical, comme au temps où les Orsini traquent le Borgia: un jour enfin le peuple tourne les canons contre le Vatican. Singulier retour des choses d'ici-bas; le Pontife qui avait béni les drapeaux de patriotes marchant contre l'Autriche, va fuir Rome, revêtu de la lévite d'un abbé, caché dans le carrosse du comte de Spaur, ministre de Bavière. Pie IX est en exil à Gaëte et la république romaine est proclamée; enfin le 25 avril 1849, après une entente de la France, de l'Autriche, du royaume de Naples et de l'Espagne, les troupes françaises débarquent à Civita Vecchia.

Le 30 juin le colonel Niel, le même qui dix-huit ans plus tard, devenu maréchal de France et ministre de la guerre, devait ordonner l'embarquement d'un nouveau corps expéditionnaire, allait porter au pape, à Gaëte, les clefs de la ville de Rome. A partir du jour où il a quitté la cité pour la première fois, on connaît les vicissitudes de celui qui ne veut point qu'on l'appelle „l'auguste vieillard", et qui s'irrite de ce titre banal, assurant que le vicaire de Jésus-Christ est toujours jeune et toujours vieux. Tenace dans la résistance, et patient parce qu'il est éternel dans le principe qu'il représente, il a su communiquer sa flamme à ceux qui l'entourent, et résister pied à pied. On assiste aux efforts du parti national qui revendique Rome pour capitale, et à la lutte sans trêve entre le temporel et le spirituel, cause d'amertume pour celui dont l'avènement au trône de saint Pierre avait été un cri de pardon et une rénovation généreuse.

A l'heure où nous écrivons, en décembre 1869, Pie IX a soixante-dix-sept ans, son apparence est celle d'un homme simple, doux et plein de bonhomie; il est de taille moyenne, fortement charpenté, encore très droit quoique fatigué par l'âge et atteint dans l'aisance de sa démarche; il avance pesamment et avec lenteur. Sa tête, aux molles teintes de marbre patiné par le temps, est grise de coloration et ne se détache pas nettement sur le fond blanc qui l'entoure; les lèvres sont presque fermées et décolorées; les yeux très vifs, extrêmement brillants, et comme piqués par deux traits de flamme, éclatent dans cette physionomie d'une expression sympathique et d'une finesse excessive. On dit que les cruels soucis qui assiègent le saint-père n'ont point éteint sa gaieté naturelle, et il est constant qu'un sourire sans contrainte est l'expression habituelle de ce doux visage.

Chez Pie IX, la bonhomie n'exclut pas la majesté; il croit ardemment à sa mission, aussi, pose-t-il naturellement, passant de l'attitude la plus simple au maintien le plus noble, au geste le plus théâtral, et montrant tour à tour le Pontife qui a la conscience de son rang, la certitude de son prestige, de son rôle unique, et le prêtre simple, fin, goguenard même parfois, et tout „alla buona" qui ne croit jamais s'abaisser en se mettant au niveau des humbles. Le Pape est capable de s'élever jusqu'à l'épique par des citations magnifiques, véritablement inspirées, et par une chaleureuse éloquence qui le porte à des démonstrations vraiment grandioses; mais plein de contrastes, une heure après, le pasteur paterne, en bénissant des chapelets et des médailles pour les pauvres vicaires français qui veulent rapporter des souvenirs à leurs ouailles, descendra aux détails les plus humbles, mêlera aux exhortations des recettes de bonnes femmes dont il a éprouvé l'efficacité, et des conseils d'hygiène pour les précautions à prendre contre le climat de Rome. On l'a vu un jour, rappelant un geste de Sixte IV auquel Robert le Magnifique, vainqueur du duc des Calabres, qui venait de menacer Rome à la bataille de Nettuno, présentait le gonfalon de l'Église couronné de lauriers, se lever plein d'enthousiasme, et accueillir le général Kanzler au retour de Mentana en déclamant d'une voix retentissante des vers de la Jérusalem délivrée :

> Canto l'arme pietose, el capitano
> Che'l gran sepolcro libero di Cristo.

Mais à Rome le grandiose coudoie le jovial, et on cite des saillies pontificales très vives, des mots à l'emporte-pièce dignes du pasquin populaire, et des épigrammes ailées qui, décochées par le saint-père aux plus illustres, ont volé de bouche en bouche depuis le Vatican jusqu'aux carrefours du Transtevère.

Celui que nous venons de contempler longuement, et qu'on ne peut voir avec indifférence, quelle que soit la foi qui vous anime ou le doute qui vous assiège, lutte pour l'intégrité du domaine de saint Pierre. L'Italie frémissante tend les mains vers Rome, les consciences catholiques sont inquiètes et troublées. „La nuit va se faire, disent ceux qui croient; le catholicisme sera sans chef, quand cette demeure sera détruite; il n'y aura plus de refuge, plus de foyer, plus de demeure. Jérusalem est à l'Orient et nous est fermée, Rome est à nous; c'est un lieu d'asile, nos martyrs ont souffert pour elle, ses monuments ont été construits de nos deniers; et la pierre sur laquelle le Christ a dit qu'il établirait son Église, n'est pas un rocher roulant qu'un torrent entraîne."

„Non! répondent les philosophes, le Vatican est un repaire où les abus, passés à l'état de principe, croissent à l'abri des tabernacles; sans doute la papauté assume la direction religieuse d'une multitude innombrable répandue sur la surface du monde tout entier et, comme philosophes et comme politiques, nous la devons respecter; mais ces dogmes nouveaux, ces idolâtries étranges, l'adoration des organes, la mariolâtrie, ces nouveaux décrets qui rapetissent la religion et contristent les prélats les plus sincères et les plus attachés à la foi, ne sont-ils pas des défis portés aux idées modernes? Que le Vatican marche avec le siècle et le monde, et qu'il vivifie ses institutions caduques! Rome est figée dans son immobilité; tout s'agite autour d'elle, tout se meut, tout aspire à la lumière et au progrès, le Vatican seul reste immuable et vit dans l'extase. D'ailleurs la cité romaine porte un nom auguste et sonore, et le monde de tradition qu'elle représente est indispensable à la gloire de l'Italie unifiée; là sont les aïeux, et ce sénat, ces chevaliers, ces patriciens, ces tribuns aux cheveux plats, dont les statues sont encore debout, sont nos ancêtres à tous. Que le Pontife cherche donc en quelque coin du monde un lieu d'asile sanctifié par la grâce: nos vœux et nos respects l'y suivront et Rome, capitale, sera aux Italiens.."

Et l'un des plus fougueux défenseurs du trône de saint Pierre s'écrie: „Rome est à nous tous, et si quelque petit peuple, possesseur unique d'une plante nécessaire au genre humain, voulait arracher cette plante, sous le prétèxte que le sol est à lui et qu'il préfère y cultiver quelque autre plante: c'est ce peuple lui-même qu'il en faudrait arracher."

Au milieu de ce conflit, assaillis par le doute, ceux qui ne se sentent pas assez forts pour ne jamais lever les yeux au ciel, se confient à un Dieu immuable et éternellement clément, ils rêvent une réconciliation de l'Italie et de la papauté, la réalisation pratique de la formule célèbre: „L'Église libre dans l'État libre". Quant aux poètes, ils voient dans leurs songes une île à l'ancre au milieu des flots, comme une nef lumineuse, une arche de prédilection qui n'aurait d'autre défense que la grâce, d'autre rempart que l'amour, dont le nocher n'aurait d'autres espérances et d'autres ambitions que de régner sur les âmes et de conserver intact et pur le feu sacré de la foi. Et, de tous les points du monde, les nations en voyage aborderaient à cette plage bénie, où ceux qui doutent sont raffermis, où ceux qui pleurent vont être consolés.

LE CARDINAL ANTONELLI

Après avoir remis au camérier de service la lettre qui nous permettra peut-être de pénétrer plus avant dans les choses extérieures du Vatican, nous revenons sur nos pas dans la salle Clémentine, et nous nous y arrêtons encore quelques instants, observant le mouvement incessant qui y règne ; nous y sommes depuis un quart d'heure à peine, quand, au cri de commandement, les lansquenets courent aux armes pour rendre les honneurs au groupe diplomatique qui traverse de nouveau la salle, après la fin de l'audience.

A côté de Mgr de Livradio se tient un cardinal vêtu de noir et qui ne se distingue des abbés que par sa haute allure, son air d'importance, et le liseré rouge qui court autour du camail et borde la tunique. Il accompagne l'ambassadeur en lui parlant avec un sourire scandé de saluts fréquents et mesurés. L'homme est jeune, il a l'aspect dur sous le rictus qui plisse sa joue ; les yeux sont noirs et très brillants, les lèvres lippues, la charpente forte, tout en lui indique l'autorité. Pietro, le gardien de la Chapelle Sixtine, qui se trouve à mes côtés, me fait des signes discrets et réitérés ; c'est le cardinal Antonelli qui passe.

Je le suis pendant quelque temps, il s'entretient à voix basse avec l'ambassadeur en lui marquant une grande déférence ; sur son passage on sent la crainte et le respect qu'il inspire. Son nom circule dans la salle et on l'observe avec discrétion, chacun épie ses gestes, sa démarche, et veut les fixer dans le souvenir. Au seuil de la Clémentine le cardinal serre, avec une sorte de tendresse affectueuse, la main du ministre de Portugal ; on dirait qu'il veut lui donner un peu de son cœur dans un épanchement à la fois intime et respectueux.

M. de Livradio descend, le cardinal prodigue encore ses amabilités jusqu'au dernier des attachés, puis, dépouillant son sourire et reprenant son air austère, il monte les degrés supérieurs de l'escalier de marbre qui mène à ses appartements privés, situés au troisième palier.

C'est l'histoire vivante qui passe, l'homme est un type, au physique comme au moral. L'ami chez lequel je loge à Rome, chargé d'affaires d'Espagne depuis plusieurs années, passera toute la soirée à me parler du cardinal. Il est poli, insinuant, attaché à ses idées, dominateur, et à la fois énergique et souple. Raffiné de goût et plein d'esprit, il mène de front bien des choses. Quoiqu'on pense de lui, c'est un homme d'État, et il a été l'âme du mouvement de résistance passive aux empiétements successifs, l'organe direct du „*non possumus*". Malgré les apparences massives, c'est un dilettante et un voluptueux, il a le goût des pierres, sa collection en ce genre est célèbre, il est très pratique et on sait qu'il aime l'argent; aussi à côté des antiques il met des diamants dans ses vitrines. C'est lui qui a donné au musée de Saint-Jean de Latran *le Sophocle*, une des plus belles statues du monde, trouvée aux environs de Terracine. Il connaît bien sa Rome antique, et quand il donne audience et rencontre un terrain bien préparé, il esquive volontiers la politique en se réfugiant dans l'archéologie. Sous sa rude enveloppe qui révèle son origine obscure, il est très homme du monde; rusé et câlin, il ébauche un continuel sourire sans conviction, et cherche à séduire; sa voix a des caresses inattendues, il retient longuement votre main dans la sienne, appelant son interlocuteur „*Figlio mio*", et sûr de le renvoyer content quoi qu'il ait refusé sa demande. Son ambition, dit-on, l'emporte, et rien ne lui serait plus amer qu'une chute, il s'humilie donc pour conserver sa place, et, en somme, on le craint plus qu'on l'aime.

Comme le cardinal n'est pas prêtre, il n'est pas tenu

aux mêmes exigences que les autres personnages qui entourent le saint-père; il est respectueux, mais ne veut pas être dupe. Le pape, au contraire, est une âme chaude, ardente, pleine d'effusion et sans la moindre diplomatie; il a fait des dogmes, des centenaires, des canonisations et relevé des monuments chrétiens; il lui manquait d'avoir fait un concile; il l'a convoqué.

Le cardinal parle bien le français, malgré un accent un peu rude, mais quand dans la conversation on aborde un sujet précis de la politique, il se réfugie dans la langue italienne, afin de n'employer que des expressions dont il a bien mesuré la portée, la nuance et la valeur. Nous le reverrons souvent, plusieurs fois de suite, pour lui demander de nous faciliter des recherches historiques qui ne peuvent en aucun degré éveiller les susceptibilités du Vatican, puisqu'il s'agit d'écrire l'histoire de la culture intellectuelle d'un petit État d'Italie au XVe siècle. Chaque fois il nous prodiguera une amabilité presque affectueuse. Nous nous attendions à un refus, à un siège difficile, nous nous apprêtions à le désarmer par des serments, à combattre ses préventions à l'égard de ceux qui écrivent l'histoire; mais nos précautions sont vaines, bien au contraire il s'applaudit de nous voir persévérer dans des études dont l'Italie tout entière, dit-il, doit être reconnaissante. Si nous étions dupes de nous-mêmes,

Le Cardinal Antonelli.

nous croirions qu'il nous sait et nous lit, tant il est précis dans l'éloge, caressant, simple, et, en apparence, plein de bonhomie; mais le doute naît bientôt. On se demande si le prélat est simplement diplomate et indifférent, ou s'il trompe par principe? Nous ne le savons point encore; toujours est-il que jamais nous ne verrons se produire l'effet de sa bonne volonté, et pourtant à chaque nouvelle rencontre, il promet, il accorde tout, avec simplicité et bonhomie, s'excusant d'un retard, invoquant des hasards et des circonstances inattendues. Il semble, enfin, quand il fait comparaître devant lui l'agent qu'il charge de l'exécution de ses volontés, qu'il emploie un langage de convention dans lequel les mots ont une signification contraire à celle que nous leur attribuons. Et pour conclure en un mot, il nous joue; il use de cette force d'inertie contre laquelle, ici, viennent échouer toutes les énergies, s'user toutes les patiences, s'épuiser tous les efforts.

On dit qu'en diplomatie le cardinal peut tout entendre sans étonnement et sans mauvaise humeur. Le pape, au contraire, est franc et spontané, il dit ce qu'il pense, „comme un boulet de canon" (c'est Pietro qui l'affirme). La mémoire du cardinal est célèbre; il se rappelle tout ce qui est passé par Rome, et, dans le personnel diplomatique, il se souvient de tous les changements, des incidents, des faits et gestes et des opinions de chacun. Tout à l'heure, quand il a passé devant nous, il venait de recevoir plus de trente évêques italiens, venus de tous les points de la Péninsule; chacun lui avait demandé un droit spécial ou une faveur; celui-ci le droit d'adoration perpétuelle, celui-là la réserve dans son évêché: et lui, qui n'est pas prêtre, et dont après tout la spécialité est la politique et la lutte, a su garder son éternel sourire, les recevoir avec amabilité et les renvoyer enchantés de lui. Puis il a dû, comme secrétaire d'État, assister à la réception de l'ambassadeur; malgré sa fatigue, il sourit encore. Aussi, à la sortie, quand après avoir traversé la salle Clémentine et pris congé, fatigué, obsédé, aspirant au repos, il a vu s'avancer vers lui, dans l'escalier, un simple abbé: il a tenté de passer sans répondre, en lui lançant un regard presque courroucé. Mais dès qu'il a entendu l'accent français très pur, le cardinal-ministre a rappelé en lui le diplomate, et son courroux a expiré dans cet éternel sourire de convention qui ride ses lèvres charnues. Le revirement est vif comme un éclair et intéressant comme tout trait qui révèle quelque chose d'un caractère.

LES COURS DU VATICAN

Au pied de l'escalier stationnent les voitures qui doivent ramener l'ambassadeur de Portugal à son palais; un introducteur, maître des cérémonies, l'accompagne, les dragons pontificaux forment l'escorte. On connaît les lourds carrosses du Vatican, tous les peintres de la vie romaine, depuis Heilbuth jusqu'à Henri Regnauld et Passini, se sont plu à les peindre, et ce train d'équipage a vraiment beaucoup de caractère. Les carrosses aujourd'hui sont en gala, à quatre chevaux, la tête empanachée de pompons rouges et la crinière tressée de rubans rouges et or. C'est le train des grands jours; on sait que l'ambassadeur représente la personne royale, le Vatican fait donc honneur à Sa Majesté Très Fidèle. Quatre valets se tiennent sur les strapontins de l'arrière, portant les *umbrellini* de soie écarlate renfermés dans leur fourreau, et les coussins à glands d'or. Le cocher, majestueux, étoffé, s'enfonce dans le lourd siège à crépines, large comme un trône d'apparat.

Après les saluts d'usage au bas de l'escalier, ces lourdes machines se mettent en mouvement, les piqueurs ouvrent la marche, suivis de deux dragons; l'escorte a mis le sabre au poing. Bientôt cavaliers et carrosses disparaissent par la porte qui s'ouvre sous les loges de Raphaël ; par un dédale de cours intérieures, ils vont sortir par la poterne, passer derrière l'abside de Saint-Pierre et déboucher sur la grande place. C'est par là que nous sortirons aussi du Vatican ; mais, en dehors des cours d'apparat, régulières, architecturales, où se passe la vie officielle et où apparaît la pompe pontificale, il faut voir les dessous du monument, ses coulisses, machinées comme celles d'un théâtre. Il y a là, à côté, de beaux ensembles nobles et d'une architecture raffinée, des puits carrés où jamais un rayon de soleil ne pénètre ; le sol est verdâtre et humide, et si on lève la tête vers le ciel, on découvre, encadrée dans une petite fenêtre, la jolie tête italienne d'une fille qui, occupée a repriser les bas d'un abbé, sourit au lansquenet accoudé à la fenêtre d'en face. Des contreforts énormes, aux moulures fermes et graves, empiètent sur le sol et flanquent un pan de mur qui surplombe. En errant dans ces poternes, encaissé dans ces chemins couverts, on songe à des villes fortes, à Rhodes ou à Ceuta, fortifiées par le cardinal Cisneros. Tantôt la muraille lisse, qui n'offre aux yeux, jusqu'à une grande hauteur, que quelques petites baies étroites percées comme des machines, est couronnée par une série de belles arcades de noble proportion, avec des balcons chargés de sculptures qui annoncent la façade d'une salle importante. Ici, sur un mur épais et rude, vrai mur de prison, s'accroche, à des hauteurs énormes, un écusson d'une belle allure sculpturale aux armes d'un Pontife.

Le contraste est vif entre ces architectures diverses; la vie intime, l'épisode pittoresque, curieux, inattendu, donnent un relief singulier aux choses, et l'action la plus simple, quand elle se passe dans de tels cadres, constitue un tableau qu'on n'oublie point. Il y a là une succession d'escaliers extérieurs, de couloirs obscurs, de tunnels étroits qui laissent voir un point d'or à leur extrémité et conduisent d'une espèce de ferme urbaine à une cour superbe; au milieu se dresse quelque beau marbre antique d'où s'échappe une eau limpide, et dont le bruit, en tombant dans la vasque, trouble seul le silence de cette solitude. Là une porte béante laisse voir une buanderie où de vieilles femmes sybillines coulent la lessive et vont rincer le linge dans des baignoires de granit apportées des thermes de Caracalla par un pape qui, dans une inscription pompeuse, a tenu à le dire aux générations. Un cuisinier tout blanc, vivante antithèse, apparaît au seuil d'un antre noir, et à votre aspect, lève son bonnet en vous appelant Excellence. A une fenêtre ensoleillée, une plante qui grimpe, joue sur la muraille grise comme un sourire sur un visage austère, et la panse jaune d'un cocomero soutenu sur le rebord d'une fenêtre éclate au milieu des larges feuilles vertes. C'est

Carrosses pontificaux. — Valets de Cardinaux.

un coin de nature et de vie intime opposé aux manifestations de la vie d'apparat. On se sent bien dans les coulisses d'un palais, dans les communs d'une résidence cardinalice ; la simarre rouge du prince de l'Église, que brosse un valet à face de sacristain,

Le Decano de Sa Sainteté.

pend, les bras ballants, sur la rampe du balcon.

Nous voici, dans notre flânerie dans ces cours vaticanes, arrivé jusque dans les écuries du saint-père. On y accède par une grande rampe couverte, qui mène à des séries d'arcs de briques : ce sont les remises sous lesquelles on nettoie les grandes voitures à trains rouges de la maison pontificale. Cette partie du Vatican doit dater du XVIIe siècle ; les façades de briques sans moulures affectent de belles proportions et sont bien tracées ; on y a combiné avec art les besoins de la vie avec l'effet architectural, et ce parti pris d'arcades surbaissées en voûtes épaisses fait un bon soubassement aux salles splendides de la partie supérieure qui s'accusent du dehors.

Tout ce monde de subalternes à l'air paterne et doux, qu'on rencontre de ci de là, appelle la causerie ; le saint-père va sortir, il rendra visite à la reine de Naples et à l'impératrice d'Autriche. Le train est déjà dehors pour accompagner M. de Livradio, mais tout un autre personnel est là, en grande tenue, se chauffant au soleil et attendant les ordres. Le carrosse pontifical est prêt, attelé de quatre chevaux ornés de panaches, de pompons et de filets comme en Andalousie; deux chevaux de main, tenus par des postillons à grandes bottes, suivront derrière ; la garde noble fermera la marche. Les cochers, les postillons, les valets, les coureurs, revêtus de leurs livrées empesées, cravatés de blanc, empêtrés, gourmés dans ces habits d'apparat, sont là en attente, les uns appuyés aux grands soubassements de briques, les autres assis sur la margelle d'une vasque. Tous ces divers épisodes forment des groupes à souhait pour le pinceau. L'ensemble est lourd, cossu, riche et massif, assez imposant d'aspect cependant ; les physionomies de ces domestiques, presque tous vieux comme des serviteurs d'anciennes maisons, sont fines et pleines de caractère ; il y a du diplomate et du paysan madré sous ces galons, chacun d'eux ne dit que ce qu'il veut perdre et, sous la bonhomie du sourire et l'apparente simplicité du propos, on sent la réticence et le calcul. Le cocher personnel de Sa Sainteté n'a pas encore paru ; c'est un personnage qui se réserve et ne descendra qu'au signe décisif du *decano* du Souverain Pontife, sorte de maître des cérémonies, d'une haute importance, blanchi au service du Pontife.

Continuons notre course; nous venons de voir les communs d'un palais, ceux d'un villino clérical, puis une cour d'une ferme ; maintenant nous entrons dans une *Rocca* fortifiée du moyen âge, avec ses chemins couverts, ses herses et ses mangonneaux; et pour sortir, nous franchissons la poterne où veillent les lansquenets. Nous voici derrière Saint-Pierre; le dôme prodigieux se dresse au-dessus de nos têtes, écrasant le

Vatican; à notre droite s'étendent les potagers, les reserres et les jardins où s'élève le joli casino de Pie IV qu'on voit de la grande galerie de la bibliothèque, la vigne de Papa Julio, et les beaux bosquets solitaires où le public pénètre si rarement. A la sortie des cours, à notre droite, s'ouvrent la grille et le long couloir, fermé d'un côté par le potager, de l'autre par le côté ouest des constructions vaticanes. Nous pourrons contourner l'abside de Saint-Pierre, longer la façade latérale, celle sud de la basilique, et sortir sur la grande place par la porte qui passe sous l'atrium même de l'Église, laissant à notre droite le palais du Saint-Office.

Pour nous, l'impression qui demeure, après des heures de flânerie dans ces cours vaticanes, c'est celle de la fraîcheur des eaux qui partout tombent en gazouillant dans les belles vasques; c'est le rire argentin de la jolie fille souriant au lansquenet, et le souvenir de quelque beau vers latin gravé sur le porphyre, qui porte orgueilleusement à la postérité les louanges de ceux qui ont amené de la campagne romaine ces eaux pures, dont on entend nuit et jour le bruit harmonieux. C'est une tradition, un goût, presque une manie, chez les papes de tous les temps, ces inscriptions gravées sur le marbre pour signaler aux siècles futurs la réparation la plus humble comme la plus imposante des fondations. Jamais l'abnégation n'a moins abdiqué; Pie IX, si détaché des choses, a jusqu'ici, pour son seul règne de vingt-trois années, fait frapper et distribuer trente-et-une médailles, envois du saint-père à la postérité.

Cette porte de sortie du Vatican qui donne sur l'abside, porte que connaissent si bien tous les voyageurs et les studieux, assidus aux musées des antiques et à la bibliothèque, a tout le caractère d'une porte de forteresse: elle est gardée par les Suisses qui, là aussi, courent aux armes, chaque fois que passe un carrosse de cardinal. Si on n'entre dans le sanctuaire qu'avec difficulté, la sortie n'est pas contrôlée. Autant les abords du côté de la place Saint-Pierre présentaient un aspect vivant et affairé, autant cette partie postérieure semble déserte et abandonnée. En franchissant la poterne, nous avons à notre droite la longue avenue fermée d'une grille qui longe les jardins du Vatican et l'interminable galerie de la bibliothèque. A notre gauche sont les fossés circulaires sur lesquels prennent leur jour les caveaux de la basilique dont nous contournerons l'abside.

Il faut s'arrêter un instant au pied du monument pour considérer les façades postérieures, et ce dôme immense qui, dominant les plus hautes constructions vaticanes abritées sous son ombre, sert à faire comprendre la grandeur démesurée du dessin de Michel-Ange. Nous prendrons ensuite la rue circulaire et nous déboucherons sur la grande place. C'est la rue d'une ville abandonnée, avec ses places, ses monuments, ses sanctuaires et ses mille recoins secrets; tout un monde vit dans ces alvéoles où jamais l'étranger ne s'égare.

L'effort qu'ont dû faire les architectes de la basilique pour passer de l'immense proportion de l'édifice consacré au culte, à celles que comportent l'intimité de la vie pratique et les besoins des services administratifs logés dans les annexes qui font corps avec Saint-Pierre, est digne du plus haut intérêt pour les artistes. Accoler une maison privée à un temple et ne pas rompre les lignes du monument, est toujours une œuvre difficile. Ici le palais de l'Inquisition et la sacristie se rattachent bien à l'incommensurable vaisseau de pierre et de marbre. De tels raccords, en architecture, exigent du génie; les petites habitations ne dépassent guère ce qui convient aux proportions humaines et se soudent admirablement aux colonnades grandioses haussées au ton de la divine majesté. Quand il se mesure avec ces dernières, l'homme, en déployant toute sa taille, n'arrive même pas à la première assise du piédestal d'une statue, et le pied du colosse qui déborde de la niche sur laquelle il repose, suffit à vous couvrir tout entier de son ombre.

Jardin du Vatican. — La Vigne du Pape Jules.

PROMENADE DE SÉMINARISTES AU MONTE PINCIO

Laissant à notre droite le palais de l'Inquisition, nous passons sous un arc surbaissé assez haut pour donner accès aux plus grands carrosses, et cependant nous sommes encore au-dessous du niveau du sol intérieur de la basilique, et notre tête n'arrive même point à la seconde assise des soubassements.

Une fois l'arc passé, on retrouve la grande place avec ses deux fontaines jaillissantes dues au Maderno; la poussière humide, emportée par le vent comme une vapeur ambrée traversée par un rayon de soleil, vient rafraîchir notre visage; à l'impression de la vie intime et recueillie des cours vaticanes succèdent l'éblouissement de l'air libre et l'impression écrasante d'une architecture titanesque où l'homme s'efface et disparaît.

CHAPITRE VII

LA NUIT DE NOËL A ROME

SOMMAIRE. — L'aspect de Sainte-Marie-Majeure. — La nuit de Noël. — Prédication des enfants à Ara-Cœli. — L'Église. — Son caractère. — Les discours prononcés par les enfants. — Le Prœsepio. — Le divin Bambin. — Légende qui s'y rattache.

Basilique de Sainte-Marie Majeure.

Il semblerait, quand vient l'anniversaire solennel, qu'un immense cri d'allégresse doit s'élever de Rome, et l'imagination du voyageur aime à se représenter les trois cents églises de la ville pontificale retentissant d'un immense hosannah! Cependant, on n'officie pendant les Ténèbres qu'à Sainte-Marie-Majeure et à Saint-Louis-des-Français. Mais il est vrai de dire qu'on célèbre encore la messe dans quelques petites églises ou chapelles de paroisse, où le vrai Romain se sent plus chez lui que dans les grandes basiliques; car il a là son coin de prédilection, sa chaise, son scaldino en hiver, son autel favori, et son directeur de conscience. Mais la nuit de Noël on n'entre dans ces paroisses qu'à huis clos, pour ainsi dire, sans qu'on soupçonne la cérémonie qui appelle aux pieds des autels les âmes ferventes, et en somme, c'est à Sainte-Marie-Majeure qu'a lieu la manifestation solennelle; d'ordinaire le pape lui-même y officie dans cette circonstance particulière; c'est là que les évêques étrangers venus à Rome pour le Concile se rendront cette nuit.

Sainte-Marie-Majeure est la première des églises de Rome et du monde catholique après Saint-Jean-de-Latran; elle est une des sept basiliques principales, une des quatre qui ont la porte sainte. Dès le IVe siècle un sanctuaire s'élevait sur le même emplacement, aussi jouit-elle de privilèges sans nombre, tous les Pontifes reconnaissent sa suprématie; elle a même la prétention de posséder le tombeau du Sauveur, renfermé dans la *confession*, à côté des corps de saint Mathias, de saint Epafre, de sainte Romula et de sainte Redenta. Après avoir erré dans la nuit noire dans ces quartiers déserts qui environnent la basilique, nous voici au seuil; en soulevant la pesante portière de cuir qui ferme l'entrée, nous nous sentons comme aveuglé par les mille lueurs de l'immense foyer au centre duquel étincelle le Saint-Sacrement.

Les Italiens ont une façon de parer les autels qui reporte notre imagination aux fêtes mondaines; il y a, dans ces illuminations a giorno, comme un reflet des soirées de gala des théâtres, et il faut une âme et un cœur bien préparés aux choses de la religion pour ne point se laisser distraire par ces pompes et prêter trop d'attention à leur côté pittoresque.

On sait que l'intérieur de Sainte-Marie-Majeure est formé de deux colonnades partageant la basilique en trois nefs; chacun des intervalles compris entre les colonnes est orné d'un lustre double, et, du plafond, dans l'axe de chaque colonne, pendent encore un nombre égal de foyers de lumières.

Le cul-de-four de la voûte du fond est décoré d'une belle mosaïque du moyen âge; suspendus à la frise qui l'entoure, une rangée de lustres à vingt bras, forme un cadre flamboyant qui fait ruisseler la lumière sur les petits cubes d'or et de verre coloré; ils éclatent comme s'ils étaient frappés par les rayons du soleil le plus ardent, et les grandes figures archaïques des saints aux gestes compassés, aux draperies carrées, aux nimbes d'or niellés de brunes arabesques, se détachent avec vigueur. Le maître-autel en avant, isolé tout autour et porté sur des colonnes d'albâtre oriental, châsse éblouissante de splendeur au milieu de ce grand reliquaire de marbre et d'or, fait un second foyer lumineux dont les yeux ont peine à soutenir l'éclat.

Dans les bas côtés de l'église, vivant dans une sorte d'intimité avec le culte, des paysans de la campagne de Rome, venus pour la solennité, sont pour ainsi dire campés, enveloppés dans leurs manteaux, entourés de paniers et de paquets, assis sur les marches des autels les moins fréquentés; et il y a là un va-et-vient singulier qui vous choque et vous heurte. L'élément pittoresque, l'épisode qui se présente et se compose à chaque pas, détourne de tout recueillement, et il est difficile de s'abstraire d'un tel mouvement. Cependant, en pénétrant au plus épais de la foule jusqu'aux marches de la *confession*, si, un instant recueilli, on reste les yeux fixés sur le sanctuaire : on se sent peu à peu ramené au respect des choses saintes.

Ces chants, les sons de l'orgue, la foule prosternée, le mystérieux avènement de l'enfant né dans une crèche et qui sera un jour le divin rédempteur, le contraste de la nuit profonde et de la solitude du dehors à laquelle on vient d'échapper, la pensée du

Ara-Cœli. — Vue prise de la Place du Capitole.

Le Præsepio. — La Nuit de Noël à Ara-Cœli.

contraste du dehors, où la pluie tombe, sinistre, constante, lente et froide; tout se réunit pour frapper l'imagination la plus rebelle et impressionner le cœur le plus dur.

LE PRŒSEPIO A ARA-CŒLI

A la même heure, l'église d'Ara-Cœli présente le plus curieux spectacle: on y adore le « *Santissimo Bambino* », petite statuette sculptée dans une racine du Jardin des Oliviers par un moine, au dire de la tradition, et coloriée par saint Luc. Une tradition merveilleuse rapporte qu'elle fut jetée à la mer pendant le sommeil du moine, et portée par les flots jusqu'à l'embouchure du Tibre. Noël et l'Épiphanie sont les deux solennités pendant lesquelles on offre à l'adoration le divin bambin, emmailloté, tout couvert de bijoux, d'or et de perles. Parfois l'image est apportée au chevet des malades en danger de mort, moyennant une large aumône; le bambino a son carrosse, ses gens à lui attachés, ses bénéfices, ses pensions et privilèges constitués par des legs pieux.

Ara-Cœli, bâtie sur l'emplacement de l'ancien temple de Jupiter Capitolin, est à la fois un sanctuaire et un musée. Jamais église ne fut située d'une façon

Le Bambino.

plus pittoresque : du côté de la place du Capitole, sa haute façade de brique, nue, a pour piédestal les cent vingt marches qui y mènent, resserrées entre les palais et l'escalier du Capitole. Son chevet et son cloître regardent l'immense fossé à pic, la Roche Tarpéïenne, au fond duquel gisent les monuments en ruine, le Forum, les temples, le Prétoire, le Collège des Vestales, le Palatin, les Voies triomphales, les Arcs antiques, le Colysée : et par-dessus tous ces monuments et tous ces vestiges, la magnifique et unique perspective des grands horizons de la campagne romaine.

Pendant de longues heures, à bien des reprises différentes, nous sommes venu nous asseoir ici, à l'entrée, dans la chapelle

Forum Romanum. Vue d'Ara-Cœli.

de San Bernardino, pour demander au Pinturicchio le secret de ses suaves compositions; mais quel que soit l'attrait qu'exercent sur nous les choses de l'art et de l'histoire, comment rester insensible aujourd'hui aux tableaux vivants et pittoresques de la vie italienne qui viennent se placer d'eux-mêmes dans un tel cadre le matin du jour de Noël?

Depuis la première heure, le mouvement de va-et-vient est incroyable dans la nef d'Ara-Cœli; partout des paysans et des Transtéverines en costume de dimanche, des femmes d'Albano, aux longs poignards de filigrane d'argent passés dans les tresses noires, ne cessent de gravir les cent marches qui mènent à l'église.

On dit la messe partout, à chaque autel, sans ordre, sans interruption; chacun a son saint, chacun sa madone, un groupe d'étrangers distraits coudoie un moine abîmé dans le coin d'un pilier et dont la tête disparaît dans les plis de sa cape brune. Une sonnette retentit, un prêtre sort de la sacristie portant le saint sacrement; à sa suite, une foule pressée trotte et l'accompagne jusqu'à l'autel, où une messe nouvelle va être célébrée. Quelques-uns passent de l'une à l'autre, ne comptant point avec Jésus en ce saint jour et entendant des messes successives.

Le désordre est au comble, et c'est le caractère

distinctif de ces églises italiennes; cependant, au chœur, où la mêlée est aussi confuse, tous les moines du couvent, qui communique avec l'église, entonnent des hymnes, cachés derrière un immense rideau.

Les messes se succèdent toujours, et chacun des officiants est enfermé dans son autel par une petite balustrade de marbre surélevée de quelques marches qui l'isolent de la foule; agenouillés, penchés sur la table sainte, les paysans touchent presque l'étole du prêtre; c'est la bonhomie dans la religion.

A midi s'ouvre la crèche; au moment où nous entrons, elle est encore fermée par deux grands volets protégés par une barrière; et là, inquiets, agités, escaladant ces degrés et jouant au roi détrôné sous l'œil du Seigneur, des centaines d'enfants se disputent la place, se racontent les merveilles de la Crèche ou *Præsepio*, et jusqu'aux plus petits, portés aux bras des mères, tous attendent la venue du divin bambin.

Bientôt un moine à froc brun, qui agite des clefs, s'avance, fend la foule grouillante et vient ouvrir les volets. Des cris d'admiration éclatent, et de tous les points de l'église, la masse des spectateurs reflue jusqu'à la seconde chapelle à main gauche de l'entrée.

C'est une scène d'un caractère unique et bien italien. Nous allons assister à une sorte de représentation réaliste, au théâtre des mystères, avec un relief

La Prédication des Enfants (Ara-Cœli).

perspectif des plus curieux. Au premier plan, sous un rocher d'où pendent des lianes, la Vierge sainte voilée de blanc, vêtue d'une robe azur et d'une jupe rouge, soulève les langes qui enveloppent l'Enfant divin endormi sur ses genoux afin de le montrer à Marthe et aux bergers. L'âne et le bœuf, couchés sur leur litière, soufflent sur le bambino; saint Joseph, un bâton couronné de fleurs à la main, se tient debout, à côté de la Vierge, et l'ange de la bonne nouvelle ferme la scène.

Sous les stalactites, à la droite du groupe, se tiennent les bergers.

Ces figures en bois, peintes des couleurs de la vie, habillées d'étoffes, prennent un relief singulier; elles sont baignées dans la demi-teinte par une rampe de théâtre. Le sol de la crèche et le bas des figures sont très lumineux, tandis que toutes les silhouettes, dans leur vif contour, se dessinent vigoureusement sur une perspective de paysage à dix plans successifs, qui semblent se prolonger à l'infini.

Bethléem est là-bas, sur une côte; voici la route et les palmiers, les caravanes des rois mages paraissent déjà à l'horizon lointain, suivant l'étoile, et dans le ciel plane un petit ange qui se découpe sur l'azur.

Tous ces fonds sont éclatants, d'un blanc pur, avec des petits reliefs nets comme une photographie vue au kaléidoscope; la grotte noire qui les encadre leur donne une incroyable profondeur; et l'illusion d'optique est complète.

Au-dessus de la grotte, dans les frises, voltige le chœur des chérubins, avec les théories d'anges, les trônes, les dominations et les archanges; et tout en haut dans un ciel d'or, le bon Dieu, à barbe blanche, vêtu d'azur, écartant les nuages, entouré de petits séraphins. Un dernier cadre, formé par un autre plan de rochers noirs, vient doubler l'arc de la voûte de la chapelle, au plan même du volet qui la ferme. Et ce sont des cris contenus, des admirations, des extases d'enfants, des compliments au petit Jésus, poupée naïve emmaillotée dans l'or, couronnée d'un diadème orné de pierres fines, dont les joues sont émerillonnées et les yeux peints en bleu. C'est le divin *bambino* lui-même, enlevé pour la circonstance au trésor d'Ara-Cœli, et qu'on a posé sur les genoux de la Vierge.

LA PRÉDICATION DES ENFANTS

Cependant, en avant de la crèche, dans le chœur de l'église, un spectacle plus curieux encore se prépare; scène bien spéciale à Rome, et dans Rome, encore spéciale à Ara-Cœli. Au pied d'une des colonnes du temple drapée de rouge, bordée d'étoffe d'or, une table est préparée avec un escabeau de quelques marches. C'est une tribune improvisée autour de laquelle les enfants, désertant la crèche, vont tous se grouper. Les mères portent au bras leurs bambins endimanchés, la foule s'assemble, et une fillette de six ans gravit les marches de la tribune improvisée.

C'est la *Prédication des enfants*; l'enfant commence avec des gestes adorables, regardant la crèche, apostrophant le petit Jésus, et lui envoyant des baisers en récitant ses louanges comme un enfant récite son compliment de bonne année.

„*Che bellezza!... che suavità!... o dolce bambino!...*" tout cela dit avec de petits accents caractérisés, exagérés, des mines, des tours de phrase curieux et des mignardises. Et les mères suivent avec émotion les yeux dans les yeux de l'enfant, récitant avec lui la légende que le petit être doit avoir l'air d'improviser. Cette scène va durer si longtemps, que malgré les hésitations l'illusion peut naître, et qu'en face de cette comédie divine, qui touche au paganisme, on éprouve une certaine émotion en pensant à l'enfance ingénue qui, sans en avoir conscience, apporte en offrande l'adorable tribut de son innocence. Le petit prédicateur s'agenouille avant de finir et prie tout haut, avec de grands mouvements de bras délicieusement maladroits, avec ces attitudes que les sculpteurs et les peintres italiens primitifs ont su fixer dans le marbre. La fillette descend gauchement et précipitamment, comme on sort de l'école après le devoir fini; on lui a promis des baïoques et un beau Jésus en sucre si elle fait bien la prédication, et la mère la couvre de baisers.

Une autre enfin gravit les marches, plus grande, forte déjà, avec des cheveux noirs comme l'ébène, une voix grave et pleine, presque sauvage par l'allure, comme les femmes de Subiaco ou de Cervara; et chacune de ses paroles nous arrive sonore, forte, avec des ronflements et des appogiatures. Nous saisissons la phrase, le contour, l'esprit de ces légendes curieuses qui tiennent du sonnet familier et du compliment fade. Ce n'est plus l'Histoire sainte, le chant de Bethléem, c'est bien une légende du pays d'Orient, un *romancero* religieux, qui a passé par des têtes naïves, ignorantes, et par des cœurs chauds.

„La lune resplendit comme un doux soleil, les „étoiles s'allument au ciel, les bergers dans les plaines „entendent bêler les agneaux, des sources jaillissent „sur le sable, les fleurs fermées à la nuit se rouvrent „comme à l'aurore et embaument l'air, un frémisse-„ment divin agite la nature entière; quelque chose „d'ineffable, de doux, de charmant, s'agite dans l'air, le „vent balance les palmiers qui bruissent dans la plaine.

„Un chant harmonieux, un chant d'amour, un chant de „gloire descend du haut des nues et vient frapper mes „oreilles ravies:"

„Gloire à Dieu au plus haut des cieux et paix sur la „terre aux hommes de bonne volonté."

Mais l'italien se chante et ne se traduit pas, le geste aussi échappe, intraduisible dans sa naïveté. Elles viennent toutes à leur tour, anxieuses, agitées, timides, hardies ou familiarisées avec le danger, et là, comme partout, les petites personnalités se révèlent. La foule est devenue considérable, toute la Rome des faubourgs est ici, les prêtres sont partis, c'est bien la foule, la vraie foule; seuls quelques enfants de famille noble sont venus à la *funzione,* ne se commettant pas, mais regardant de leurs grands yeux étonnés le spectacle que leur donnent les enfants du peuple.

Confondus dans cette masse, si démonstrative et si turbulente malgré la sainteté du lieu, quelques étrangers avides de couleur locale, sont venus aussi; et, à nos côtés, un jeune peintre allemand, à la tête expressive, esquisse la scène dans son album.

Le lendemain, de grand matin, nous revenons seul dans l'église pour dessiner à notre tour la mise en scène et reconstruire le tableau. L'heure est déjà avancée, l'église peu à peu se remplit, les enfants du quartier, revenus à la chapelle, se font à leur tour un jeu de la prédication de la veille, n'ayant cette fois d'autre public qu'eux-mêmes; ils vont singer les manifestations religieuses qui les ont frappés. Le moine préposé au Prœsepio ouvre la crèche à l'admiration des fidèles, et, comme un Italien pare la Madone, il arrange à souhait la jupe bleu de ciel de la Vierge, remet sur le dos de saint Joseph un pli qui cachait la tête du bœuf, appuyé sur la crèche, et balaye les étoiles du firmament, qui se sont décollées et jonchent la scène.

CHAPITRE VIII

LA STATUE DE PASQUIN

SOMMAIRE. — Origine de la statue. — Son caractère archéologique. — Pasquino le tailleur. — L'esprit satirique des Romains s'incarne en sa personne. — Bons mots qu'on lui prête. — Satires dirigées contre les hommes et les choses. — Marforio compère des Pasquino. — *Les Pasquinades*. — La tradition tombe en désuétude. — Le journalisme moderne et la presse satirique remplissent l'office de *Pasquino*.

Place Navone.

Les chroniques romaines disent qu'au milieu du XVIe siècle, à deux pas de l'église des „*Agonizanti*", dans le soubassement, au rez-de-chaussée d'une vieille maison, qui touchait au beau palais Braschi, vivait un tailleur, du nom de

Pasquino, dont la verve, la malice et la langue acérée, avaient fait un type célèbre, dans son carrefour d'abord, puis bientôt dans toute la ville.

Pasquino avait le ton vif, le mot spontané, lestement troussé, l'œil et l'oreille au guet, c'était de plus un bon vivant qui ne voulait jamais être dupe. Décochant volontiers la satire, il accolait au nom des puissants une épithète juste, et, sur toute situation, disait son mot, un mot précis et salé. Recueillie par les voisins, colportée dans le quartier, et de là dans toute la ville, la vive satire devenait populaire, définitive, et passait en proverbe. Que la pratique appartînt au peuple ou à la noblesse, elle ne l'intimidait point, et on aurait eu mauvaise grâce à se fâcher, car la boutique du tailleur était achalandée et les rieurs étaient toujours de son côté.

Pasquino, on le comprend aisément, eut souvent maille à partir avec l'inquisition ; mais aussi rusé que ses épigrammes étaient amères, il trouva le moyen d'échapper aux sbires et mourut dans son lit, ce qui est une grande preuve d'esprit pour un pamphlétaire en face de l'inquisition.

La légende se forma vite sur son nom et sur sa personnalité ; de son vivant il avait endossé tous les mots qui se disaient dans l'enceinte aurélienne ; après son trépas on lui prêta plus d'esprit qu'il n'en avait eu, et

Fragment antique dit : « Pasquino ».

même on le fit parler encore. Comme, à l'époque où

Le Carrefour Braschi avec la Statue de Pasquin.

son souvenir était vivant pour tous, au commencement du XVIe siècle, on avait trouvé près de son humble échoppe un fragment de statue antique, pendant que les archéologues romains se disputaient pour savoir s'il fallait reconnaître dans le torse mutilé un Ménélas, un Hector ou un Patrocle : le peuple romain, fin comme l'ambre, trancha la difficulté et le baptisa *Pasquino*. Si beau que fut le fragment, ce n'était cependant qu'une ruine; on le dressa donc en pleine rue sur un double piédestal, à l'angle du célèbre palais Braschi, et ce jour-là personne ne se douta qu'en relevant ce monument mutilé, on donnait une tribune à l'opposition, et on conférait l'immortalité au caustique tailleur.

Bientôt, dans toutes les circonstances, on évoqua l'ombre de cet Arétin de l'aiguille, et chaque fois que la malignité du peuple ou son indignation éclatait par une vive satire, par une imprécation sanglante, ou trouvait sa formule dans un de ces mots rapides et acérés, qui vont d'un trait à la postérité, Pasquin, être anonyme qui symbolisait la conscience publique, endossait l'épigramme et la publiait. Et l'on vit, dans les grandes circonstances, aux premières lueurs du jour, accourir la foule devant la statue pour lire le pamphlet posthume, dicté, disait-on, par la verve satirique du Pasquino de carrefour, et écrite sur son piédestal à la faveur de la nuit.

Retournant en arrière, les chroniqueurs, qui ne regardent pas toujours aux origines, et n'ont pas toujours souci d'éviter les anachronismes, prêtèrent même à la statue antique les épigrammes classiques, lancés comme des traits empoisonnés par les humanistes et les poètes satiriques du XVe et du XVIe siècle, les successeurs des Pontano, des Sannazar, des poètes de cour napolitains, indignés contre les Innocent et les Alexandre. Adrien IV semble avoir été le premier pape contre lequel Pasquin exerça sa verve satirique. C'était un allemand d'Utrecht, de basse extraction, il se nommait Florent Dedel; quand il fut élu on ne le connaissait point personnellement en Italie, car il résidait alors en Espagne et ne semblait point pressé d'occuper son siège. Aussi, renouvelant un usage, banal à Rome pour les palais qui sont à louer, le peuple se prit-il à placarder sur les portes du Vatican des petites affiches „*Est Locanda*". Adrien IV ne savait pas l'italien, et il prononçait le latin de manière à n'être compris de personne; de plus, c'était un fanatique, et sa première manifestation en entrant au Vatican lui aliéna le peuple romain. Sous prétexte d'économie, il commença par en chasser tous ceux qui y étaient logés, puis, ayant été visiter le belvédère, comme on lui faisait admirer le Laocoon et les plus belles statues antiques, il détourna la tête en disant „sunt idola antiquorum". Ce mot méprisant d'idole, appliqué aux chefs-d'œuvre de la statuaire, ne fut jamais oublié des savants, ni des artistes, pas plus que du populaire. Pasquin prit la parole et, pendant plusieurs jours, cribla de ses traits satiriques le Pontife qui avait offensé Rome dans son génie. Adrien ordonna simplement de jeter la statue dans le Tibre; mais le duc de Serra, l'ambassadeur de Charles V, ayant pris la défense de Pasquin en assurant au Pontife qu'au plus profond du fleuve la statue, comme les grenouilles, ferait encore entendre ses coassements, le pape lui répondit qu'il était résolu à en faire de la chaux dont on jetterait la poussière au vent pour qu'on perdit jusqu'à la mémoire de l'impudent. Cependant, l'ambassadeur, par ses vives instances, apaisa le courroux d'Adrien; mais le Pontife rongea son frein, et on l'entendit proférer des menaces: „Dans une cité où j'ai le droit de faire taire tous les hommes, dit-il, je ne pourrai donc point réduire au silence un tronçon de statue!" Pasquin fut sauvé, mais il lui garda rancune; aussi, quand Adrien VI mourut, trouva-t-on sur le piédestal de la statue cette inscription sanglante: „A Giovanni Antrocino, médecin du saint-père, libérateur de la patrie: S. P. Q. R. reconnaissants." Guicciardini a flétri la mémoire de ce souverain réfractaire au sentiment du beau, Adrien mourut à la suprême satisfaction de toute la cour pontificale, anxieuse de voir un Italien ou au moins un

Pontife de culture italienne, s'asseoir sur le trône de saint Pierre.

Vers la fin du XVIe siècle, l'usage vint aussi d'habiller Pasquin aux jours de fête; la première démonstration eut lieu à l'occasion de la bataille de Lépante. On sait que les flottes pontificales avaient pris part à la lutte contre le Turc, sous le commandement de Colonna; l'allégresse était grande à Rome, on y célébra des fêtes sans fin, tant à cause de la défaite des infidèles, qui exaltait le Vatican, qu'à cause de la victoire d'une flotte romaine sur les flottes ottomanes regardées depuis Mahomet II comme invincibles. Quelques habitants du quartier où s'élève le palais s'étaient chargés de la décoration et des arcs de triomphe, ils imaginèrent ce jour-là de faire de Pasquin un guerrier; on le revêtit de la chlamyde et on le coiffa du morion surmonté d'un dragon ailé. Ceci se passait en 1571 sous Pie V, très fanatique, grand inquisiteur, et qu'on devait canoniser sous le nom de saint Pie. Le 13 décembre 1590, sous Grégoire XIV (un milanais, Sfrondati, qui ne régna que dix mois seulement), la disette était grande dans Rome, et le Pontife, plein de commisération pour les souffrances du peuple, fit cuire la farine à ses frais afin d'approvisionner les marchés, et vendit le pain au tiers de sa valeur pendant tout le temps de la crise. Aussi, un jour que Gré-

goire XIV, se rendant à la basilique de Saint-Jean-
de-Latran, devait traverser le carrefour et passer
devant le Pasquin; un sculpteur du quartier se chargea
de compléter le tronc mutilé de la statue en faisant
une allégorie de l'abondance. L'artiste, à l'aide de la
cire, ajouta des bras, refit des jambes, anima pour
ainsi dire ce torse foudroyé, et mit une épée nue dans
la main droite; de la gauche il portait des balances, et
à côté de lui figuraient une corne d'abondance et trois
pains destinés à symboliser le service rendu au peuple
romain par son Pontife. C'était, en faveur du Vatican,
une revanche de la satire que Pasquin s'était permise
sous Sixte-Quint quelques années auparavant. Le fameux Pontife, qui a laissé à Rome une trace si profonde, et dont on voit le nom sur un si grand nombre
d'édifices publics, malgré ses bienfaits réels, sa muni-
ficence et ses larges vues, malgré l'énergie qu'il
déploya pour la répression du brigandage, n'était pas
parvenu à désarmer la malignité populaire. Il était né
dans la condition la plus humble, dans la Marche, à
Grotta-di-Mare; il s'appelait Peretti, portait la robe du
moine, et cachait une ambition immense et une incroyable énergie sous une forme humble et une attitude
effacée. Sixte avait une sœur, Camilla, qui, lorsqu'il était
encore moine, était blanchisseuse; l'avènement de son
frère au trône pontifical la fit de droit princesse; le

jour où elle prit rang à la cour vaticane dans une cérémonie publique, on prétend qu'on trouva la statue de Pasquin affublée d'une chemise sale. Comme les passants riaient ou se demandaient la clé de l'énigme, il ne manquait point de gens bien informés pour leur répondre: „Pasquin a perdu sa blanchisseuse, puisque le pape en a fait une princesse." Sixte-Quint était terrible dans ses colères; quand le bruit de cette mascarade arriva jusqu'à lui, il affecta d'en rire, et promit au coupable de lui laisser la vie en lui donnant mille pistoles s'il se dénonçait lui-même; tandis qu'au contraire il lui promettait le gibet, si le questeur pontifical chargé de le rechercher, parvenait à le trouver, ou s'il se laissait dénoncer par un autre. Le coupable s'y laissa prendre; renouvelant alors l'acte de cruauté de César Borgia auquel on avait amené l'auteur ou le propagateur de la fameuse lettre à Paolo Savelli, lettre qui a servi de texte à tous les historiens pour dévoiler les turpitudes de la cour d'Alexandre VI, Sixte-Quint ordonna de couper les poings du loustic et de lui percer la langue avec un stylet.

Si on parle en historien consciencieux, il faut constater que la légende n'est pas toujours d'accord avec les faits, et qu'on a prêté à Pasquin des pamphlets contre ceux qu'il n'a pu connaître, par cette bonne raison qu'il n'était pas encore né; mais cela prouve la force des légendes. On assure cependant que Michel-Ange a pu voir la statue mutilée et qu'il la tenait pour un fort beau fragment; quelle que soit l'époque précise de la découverte du tronçon mutilé, il est constant que depuis le XVIe siècle jusqu'aujourd'hui, Pasquino, devenu „Vox populi romani", prit la parole, en vers ou en prose, en toute circonstance solennelle. La satire anonyme, en traits de feu, allait éclater sur le Vatican, sur les questeurs, ou sur les juges prévaricateurs.

Urbain VIII, un Barberini, qui couvrit Rome de monuments superbes, mais qui assuma devant la postérité, la redoutable responsabilité de considérer le Colisée comme une carrière et d'y prendre à son aise et le marbre et la pierre destinés au palais Farnèse, à la chancellerie et au port de Ripetta, ne pouvait qu'encourir la colère de celui qui avait envoyé ses compliments au médecin d'Adrien VI. Et le tailleur s'écria: „Urbain déshabille Flavien pour vêtir saint Pierre". Comme le Pontife continuait les déprédations des monuments antiques, déprédations que Pie II avaient reprochées si amèrement à Sigismond Malatesta (qu'il devait brûler en effigie sur la place Saint-Pierre), Pasquino, dans un style lapidaire, accola au nom d'Urbain VIII la cruelle épigramme qui saigne encore au front des Barberini:

„Quod non fecerunt Barbari fecere Barberini." Mais

Pasquino n'était pas toujours aussi tragique et ne se vouait pas de parti pris à Juvénal; il était Romain, c'est-à-dire spirituel, jovial et de bonne humeur. On venait de canoniser saint Julien, et le nouveau saint n'avait à son avoir, en fait de miracles, qu'un assez maigre sortilège. Entrant un jour chez un gourmand, le vendredi, il avait vu sur sa table un plat de cailles, et il lui avait suffi d'étendre la main pour rendre la vie aux oiseaux rôtis, qui s'étaient envolés à tire d'ailes. Pasquin, le jour de la canonisation, se prit à rire, et s'écria: „Courage, mes frères, espérons: car le ciel baisse de prix."

De Barberini à Mastaï on pourrait écrire la longue histoire de Pasquin, en feuilletant les mémoires, et en dépouillant les petits journaux du temps. Le *Pasquino* quotidien a fini par incarner l'esprit satirique du tailleur, et comme il n'y a pas de petits sujets, — car, en histoire tout est dans tout; — on écrirait ainsi les annales du peuple romain, qui se reflètent et se symbolisent dans des mots toujours spirituels et parfois sanglants, qu'on s'est transmis comme des rapsodies sans en bien connaître les auteurs.

On sait que pendant les conclaves, après chaque tour de scrutin qui n'a pas donné de résultat pour l'élection d'un Pontife, on brûle les bulletins dans un poêle, à l'intérieur du palais de Monte-Cavallo. C'est en voyant la fumée sortir du tuyau de cheminée sur laquelle Rome entière a, ce jour-là, les yeux fixés, que la foule, rassemblée sur la place du Quirinal, apprend la continuation du conclave. Ces élections offraient à Pasquin l'occasion propice d'exercer sa verve. Quand mourut Léon XII, le conclave dura trois jours, et chaque fois que *la fumata* constatait que l'élection était à recommencer, Pasquino donnait son avis sur le candidat en termes si mordants que, quoique muré, enfermé dans le palais et sans communication officielle avec la ville, le cardinal della Sommaglia, chargé de la police, donna l'ordre de mettre une sentinelle au pied de la statue. Mais, malgré l'inspection réglementaire, les épigrammes arrivaient jusqu'au Quirinal, cachées dans le corps des poulets et dans la croûte des pâtés.

Un jour, comme le choix du conclave, sans lui donner la majorité, s'était porté sur un cardinal dont le nom seul était une menace pour le peuple romain et un outrage à la conscience publique, on écrivit sur le socle de la statue vengeresse ces trois mots : *Da lui corda*, qui firent blémir le cardinal della Sommaglia. Aussi, pendant des années, Pasquino fut-il bâillonné et réduit au silence [1].

---

[1] L'intention, évidente pour des Italiens, l'est beaucoup moins pour des étrangers. «Da lui corda» — *Lâcher la corde* qui retient

Il fallut que le cardinal Albani, terrorisant la ville de Rome et remplissant les prisons, exaspérât la verve endiablée de la statue et traitât publiquement les Romains d'esclaves, pour que Pasquin lui répondît par un vers menaçant emprunté au poète Alfieri :

> Siam servi si, ma servi ognor frementi...

Mais, cette fois, comme la sentinelle veillait au piédestal, prête à livrer aux cachots celui qui viendrait faire parler la statue, la conscience publique choisit une autre tribune ; et ce fut sur la porte même du palais pontifical, à Monte Cavallo, qu'on évoqua l'ombre du grand tragique, rappelant ainsi au collège des cardinaux que si les Romains étaient esclaves, ces esclaves du moins, toujours frémissants, étaient prêts à briser leurs chaînes.

Depuis longtemps, Pasquino (avec Mazarin et l'importation de la politique italienne en France) avait pris droit de cité chez nous et conquis sa place dans notre langue ; et on sait que les remontrances des parlements furent flétries chez nous du nom de *Pasquinades*.

l'animal furieux, c'est précipiter le dénouement ; il ira bientôt se briser contre un obstacle. Dans la circonstance, en choisissant justement pour Pontife celui qui pouvait exaspérer une situation et tout compromettre par ses excès, on précipitait le dénouement.

Le dernier jour où Pasquin a parlé à Rome, il a pris la voix de Mazzini pour dire au pape Pie IX, au milieu de l'ivresse que suscitèrent les premières années de son pontificat :

«Fais l'Italie une, ou tu seras le dernier des papes».

Ceci est grave et devient de l'histoire contemporaine ; quelques hommes du parti dit d'action, enfermés dans Rome sous le dernier pontificat, essayèrent encore de se faire l'écho de ceux qui voulaient y entrer, et placardèrent leurs pamphlets et leurs appels aux armes sur le piédestal de la statue. Le cardinal Antonelli les fit enfermer au château Saint-Ange. Les hommes de notre génération ont pu lire parfois au carrefour du palais Braschi de petits placards collés pendant la nuit sur le piédestal ; mais déjà il ne s'agissait plus des destinées de tout un peuple ; tout au plus voulait-on ridiculiser quelque disposition de voirie ou quelque mesure de police. La tradition est bien morte, la tribune est muette, la liberté luit pour tout le monde, mille tribunes s'ouvrent aux mille carrefours, les presses gémissent et le crayon s'aiguise en stylet. *Folchetto, Fanfulla, Pasquino, la Rana*, sont libres jusqu'à la licence ; les traits dont on crible les hommes politiques sont si nombreux que leur épiderme a perdu toute sensibilité, et qu'on se fait un jeu

L'Océan, Statue antique, dite « Marforio ».

et une célébrité de la satire. Pasquino aurait trop à faire; ses concurrents sont si nombreux, que sa voix se perdrait dans la foule.

La statue, de son temps, n'était pas restée l'organe unique de la malignité romaine, elle avait eu un rival, ou plutôt un compère. Les fouilles, qui sont incessantes à Rome, ayant amené la découverte d'une statue colossale de l'Océan, mutilée comme celle de Pasquin, on la disposa sur la voie publique, et bientôt elle prit la parole sous le nom de *Marforio*, nom qui tirait son origine de celui du lieu où on l'avait découverte (Forum de Mars — *Martis Forum*).

A la première occasion, un dialogue piquant s'engagea entre les deux compères pour la plus grande joie de la galerie. Plus tard ce colosse, considéré comme intéressant pour l'histoire de l'art, prit place dans les collections pontificales; mais le dialogue continua jusqu'à la fin du siècle dernier. Pasquino, prenant acte des désordres politiques et des longues angoisses au milieu desquels avait vécu le pape Pie VI, avait remarqué que le nombre six était fatal à Rome, aussi bien qu'à la papauté (Pie VI, Alexandre VI, Urbain VI), et il avait traduit son impression par les vers suivants:

> Si fuit, ut jactant, sextius Nero, Sextus et iste
> Semper sub Sextis perdita Roma fuit.

Marforio prit la défense de Pie VI, et répondit :

> Si fuit, ut jactant, sub Sextis perdita Roma.
> Roma est sub Sexto reddita et aucta Pio.

Pie VI avait la faculté d'exercer la verve des deux compères et son souvenir fut évoqué plus d'une fois. Quand fut signé le concordat entre Pie VII et l'empereur Napoléon, l'épigramme qui suit caractérisa amèrement la situation en opposant à l'exemple qu'avait donné le Pontife, l'exemple de Pie VI, qui aima mieux renoncer au trône de saint Pierre que de manquer à sa foi :

> Pio VI per conservar la fede
> perdè la Sede
> Pio VII per conservar la Sede
> perdè la fede.

On voit aisément, par ces confusions de date et par le fait seul qu'on fit encore parler Marforio lorsqu'il n'existait déjà plus, que l'esprit de libre critique s'incarnait dans des personnages imaginaires, auxquels le peuple romain prêtait ses bons mots, ses épigrammes, ses lazzis et ses colères. D'ailleurs, c'était la mode de baptiser un vestige de marbre et de lui prêter de l'esprit, et l'usage persista longtemps. Après Pasquino et Marforio, on eut *L'Abbé Luigi* qui se dressait au palais Valle, et *Madonna Lucrezia* qu'on voit encore derrière le palais de Venise, lorsqu'on le contourne pour aller à Ara-Cœli. Le palais Piombino, lui, avait aussi son oracle, qui portait le nom de *Facchino*, et qu'on désignait aussi comme le portier du palais. On comprend donc qu'au fond il y avait là un besoin d'expansion qui, de nos jours, ne trouve que trop sa satisfaction dans la presse, mais rencontrait difficilement alors l'occasion de se donner carrière.

Rome aujourd'hui n'est plus dans Rome; c'en est fait, nous aurons vu la fin d'une civilisation pittoresque, qui est évidemment surannée, puisqu'elle constituait dans le monde une exception et une anomalie.

Les regrets et les imprécations sont superflus; le moment était venu, et c'est le cas d'invoquer le Fatum antique en face des ruines de son temple. L'artiste regrette ce que le monde a perdu; l'historien se complaît à le faire revivre; l'économiste, l'homme d'État et le patriote applaudissent à l'État nouveau, et ne veulent même pas qu'on s'attarde à décrire ce qui fut en face de ce qui va être: *Stat Roma*.

Puisse la ville éternelle, dans cette nouvelle phase, garder quelques-unes de ses qualités d'autrefois, la bonhomie jointe à la grandeur. Rome était la ville universelle et le domaine des penseurs; le monde entier y venait en longues caravanes, respirer le parfum de l'antiquité. Ceux qui „s'inquiètent de la blancheur des marbres" y pouvaient songer à l'aise, assis sur les ruines du Forum, sans qu'un passant grossier vînt dissiper leur rêve et les replonger brutalement dans la réalité. C'était un doux séjour, une hospitalité sans seconde, celle qui laisse à l'hôte sa liberté tout entière, sans lui demander sa nationalité. Les grands seigneurs n'y connaissaient point la morgue, le peuple ignorait l'envie et la colère, parce qu'il fut de tout temps résigné, content de rien et un peu sceptique. Tout y prenait une forme grandiose et faisait un tableau à souhait pour les yeux et fécond pour la pensée, depuis les aqueducs et les dômes se détachant sur les horizons d'or au soleil couchant, jusqu'aux noirs sapins des villas où se profilent les statues blanchies par le pâle rayon de la lune; jusqu'au pecoraro vulgaire qui, le soir, avec un beau geste de bas-relief antique, quittant la cité, s'en va poussant devant lui le long de la voie sacrée ses bœufs aux fanons lourds.

Les contadines au jupon rouge qui viennent au marché sur la place des fleurs, s'appuient naïvement à l'angle du carrefour Braschi, sans savoir que cette statue brisée s'animait dans les ténèbres pour décocher ses traits sur le Vatican. L'employé, venu du nord, qui passe devant le piédestal, sait à peine que tout Rome anonyme, qui a plus d'esprit que Voltaire, monta pendant des siècles à cette tribune pour flétrir la tyrannie et railler la luxure. Quelque artiste, ou quelque étranger lettré, amoureux de l'antique, s'arrête seul devant le torse brisé. Ce n'est plus qu'une ombre, l'ombre du grand Pasquin, mais le fragment mutilé se dresse toujours au pied du palais où pendant plusieurs siècles il a rendu ses oracles et lancé la satire.

CHAPITRE IX

LE TASSE A SAN ONOFRIO

Sommaire. — Le couvent de San Onofrio. — La statue du Tasse. — Son tombeau. — L'église et le cloître. — Vie du Tasse. — Ses voyages. — Péripéties diverses. — Il vient demander un refuge aux Hiéronimites de San Onofrio. — Léonard de Vinci à San Onofrio. — La chambre du Tasse. — Le cardinal Cinthio prépare son triomphe. — Il meurt avant de monter au Capitole. — Les jardins de San Onofrio. — Le chêne et le laurier du Tasse.

A Madame la Comtesse Andryana Marcello.

Arc de Constantin.

Dans le Transtévère, sur le mont Janicule, entre la Basilique de Saint-Pierre et la porte Saint-Pancrace, adossé au mur d'enceinte d'Urbain VIII, s'élève un petit monastère du XVe siècle, fondé sous le pontificat d'Eugène IV par

Nicolas de Forca Palena, du diocèse de Sulmona, et destiné par le bienheureux à réunir les ermites de la congrégation de Saint-Gérôme. Cette retraite, modeste et recueillie, d'une proportion si restreinte qu'elle fait un contraste avec les grandes fondations monastiques de l'Italie et les Chartreuses superbes, est bien enfermée dans l'enceinte de Rome; mais, isolée qu'elle est par le Tibre, la vie ardente et pressée de la ville moderne n'a pas changé l'aspect d'autrefois, et elle est restée entourée de potagers et de terrains incultes où s'élèvent quelques bosquets d'arbres verts. Le monastère, dédié à San Onofrio, a donc gardé le caractère d'une petite thébaïde; c'est là, qu'accablé par l'envie, le cœur brisé, troublé par l'amour, agité par les persécutions et fatigué du monde, le Tasse vint cacher une existence malheureuse, traversée par tant de douleurs, exhalant son dernier soupir la veille même du jour où Rome tout entière, qui savait par cœur ses chants inspirés, s'apprêtait à le conduire au Capitole, pour l'y couronner. La ville éternelle, à laquelle il était venu demander le repos et l'oubli, voulait par une heure de triomphe, dissiper le souvenir des longues angoisses et les cruels soucis d'une captivité qui avait troublé sa raison et plongé sa grande âme dans une mélancolie mortelle.

Le pèlerinage à San Onofrio est celui des cœurs

tendres et des âmes recueillies; il faut, pour l'entreprendre, choisir l'heure, les compagnons de route et la disposition d'esprit qui porte au recueillement. N'attendez pas le moment où le soleil monte au zénith, les premières heures du jour sont douces; Rome s'éveille, et sur le ciel gris montent les mille fumées qui s'échappent de la ville, suspendant dans l'espace des nuages légers auxquels viennent se mêler les brouillards argentés du matin.

Si l'art, qui est fait pour élever la pensée au-dessus des choses vulgaires, ne venait point, dans cette retraite, au lieu même où repose le poète, amener un sourire de pitié sur les lèvres de ceux qui viennent saluer son tombeau, nulle pensée profane ne troublerait ici le voyageur. Le cadre est digne de celui qu'on y veut honorer, et jamais poète inspiré, battu par les orages de la vie, désillusionné des joies d'ici-bas, ne sut choisir, pour y exhaler son dernier soupir, une solitude plus douce pour la pensée et des horizons plus grandioses pour charmer ses derniers regards.

Après avoir longé la via Lungara, on arrive à San Onofrio par une grande rampe verdie par l'herbe et la mousse. Le petit édifice se présente de face, précédé d'un porche surmonté d'un clocheton et relié au monastère par un petit portique. Avant d'entrer dans l'église il faut s'accouder à la terrasse; on domine de là toute

Le Couvent de San Onofrio.

la ville éternelle qui s'étend au pied du petit monastère avec son monde de monuments, ses palais et ses dômes, fermée à l'extrême horizon par une ceinture de collines.

L'église est petite et presque toujours déserte ; elle se compose d'une seule nef, terminée par un cul-de-four, et de cinq chapelles latérales. Dans la première, à gauche, s'élève, adossé au mur, le tombeau de l'auteur de *La Jérusalem délivrée*. Le monument est moderne ; il est dû à une souscription romaine, et c'est un sculpteur romain qui l'a conçu et exécuté. Le pape Pie IX a pris une part directe à cet hommage rendu à Torquato; il a voulu inaugurer le marbre, le 25 avril 1857, le jour même de l'anniversaire de la mort du poète. En face de ce Tasse d'opéra-comique, de ce troubadour bien frisé, qui lègue à la postérité les traits du chantre de la Jérusalem délivrée, on se prend à regretter la fosse obscure sur laquelle le cardinal Bevilacqua avait posé une simple pierre avec le nom du poète. Plus tard, comme le passant venait troubler leur solitude pour demander où gisait le Tasse et honorer son souvenir, les moines de San Onofrio gravèrent sur la pierre cette simple inscription :

„Les restes du Tasse reposent ici; afin que tu ne l'ignores, ô étranger, les frères de cette église ont écrit ces mots."

Quand on n'a point de génie pour honorer le génie, „rien c'est bien"; en lisant cette courte épitaphe, le voyageur reculait d'un pas, de crainte de fouler aux pieds la cendre de Torquato Tasso: et c'était déjà un hommage au poète. Mais la chère Italie a de ces contrastes pénibles; à côté des tombeaux des doges des Frari, les plus beaux monuments funèbres du monde, Venise nous montre le pénible mausolée du Titien, et à Santa Croce, le voyageur qui vient s'incliner pieusement au tombeau du Dante et saluer l'image de Galilée, retient un sourire de regret en levant les yeux sur quelques-unes des images de marbre qui ornent le Panthéon italien.

Il faut s'arrêter un instant dans cette petite église devant les tombeaux de Guidi, de Barclay et du cardinal Mezzofanti (celui qui parlait cinquante dialectes). On devra donner aussi un coup d'œil aux fresques du Carrache et à celles du doux Pinturicchio, ce maître exquis dont on admire les œuvres au Vatican, à Ara-Cœli, et à la bibliothèque de la cathédrale de Sienne.

Au sortir du sanctuaire on sonne à la porte du cloître, non sans avoir jeté un coup d'œil aux fresques du Dominiquin dont sont décorés les tympans des arcs du portique extérieur; ce sont quelques scènes de la vie de saint Gérôme, peintes d'un libre pinceau, qui, peu à peu s'effacent sous l'action du temps. Jamais intérieur de cloître n'affecta des proportions plus restreintes; au premier étage on accède à un vestibule et on s'engage dans le couloir qui mène à la chambre du Tasse. Cet espace étroit correspond au portique du rez-de-chaussée; autrefois il formait loggia ouverte, et on découvrait de là l'incomparable panorama de la ville de Rome, couchée au pied du Janicule. Avant de pénétrer dans la retraite du Tasse, dans ce même couloir, arrêtons-nous devant la petite fresque peinte au-dessus de la porte qui relie cette partie du monastère au corps des bâtiments.

C'est une madone avec l'enfant divin, bénissant un donateur en prières; elle est renfermée dans un cadre de faïence qui forme une guirlande de fleurs en relief dans le goût de Lucca Della Robbia. La fresque est minuscule, elle a la proportion d'un tableau de chevalet, et elle est l'œuvre du grand Léonard. Trouver rassemblés dans un si petit espace deux tels génies et deux tels souvenirs, le Vinci et le Tasse, c'est une fortune qui suffit à la journée d'un voyageur. Cette œuvre, assez ignorée de la foule, est tout à fait célèbre dans le monde des arts; elle fait de cet humble couloir un véritable sanctuaire. Jamais, peut-être, le plus complet des artistes de la Renaissance, cet être dont on n'a jamais fait le tour, ce cumuleur de génie, n'a montré plus de grâce attendrie que dans cette suave composition. Quelques anciens biographes avaient douté de la présence de Léonard à Rome, la preuve est là devant nos yeux, dans cette petite œuvre exquise, exécutée en 1513, au moment du couronnement de Léon X. Léonard vint alors au Vatican accompagné d'un cortège d'élèves, brillants jeunes gens qui devaient laisser un nom dans l'école lombarde, les Beltraffio, Marco d'Oggione, Salaïno, Cesare du Sesto et Francesco Melzi.

Un pas encore, et nous voici dans la cellule du Tasse. C'est une petite chambre carrée, saine, peinte à la chaux, où les pères ont réuni quelques-uns des objets qui ont appartenu au poète. Voici son fauteuil en cuir, sa table, son encrier et son crucifix; au mur, dans un cadre en bois, est accroché un autographe, un sonnet écrit de sa main, et le fac-similé d'une lettre à un ami, où il parle de sa mort prochaine avec une grandeur digne de sa belle âme.

Au milieu de la salle, sous un verre destiné à le protéger, on a dressé sur un piédestal le masque moulé sur le cadavre au moment de la mort, et, croyant donner l'aspect de la vie à cette image, d'où la lueur est absente, un sculpteur innocent a soudé le moulage à un buste à pourpoint que termine la collerette à fraise des gentilshommes du XVIe siècle. La froide image de plâtre, seul reste authentique des traits du poète, produisait un plus saisissant effet. Sur le mur du fond, dans un sentiment banal qui rappelle le troubadour du tombeau de San Onofrio, un peintre encore plus naïf que le sculpteur, a exécuté, grandeur nature, un joli Torquato en pourpoint, qui fait „trompe l'œil", enchante les *snobs* et les *philistins*, et peut donner la main à la statue de marbre qui se dresse dans l'église. Si le mur était resté nu, le voyageur eut évoqué le grand absent dont l'âme plane dans cette humble cellule; il eut ressuscité pour un instant la cour de Ferrare, évoqué le souvenir de l'arrivée à Sorrente, et murmuré quelque passage du *Tasso* de Gœthe; c'était un digne hommage à la mémoire du poète; mais ici, en face du troubadour peint à fresque, toute poésie s'envole et on se sent heurté.

Les horizons que l'on découvre de la fenêtre de la cellule sont du moins en harmonie avec les sentiments qui devaient assiéger l'esprit du poète. Des jardins et des cimetières, coupés de cyprès, occupent les premiers plans, descendant en pente douce jusqu'à ce monde de pierre qui forme le Vatican. On découvre aussi de là les monts sacrés qui, de Monte Mario au Pincio, dominent la ville éternelle, et Rome immense, avec ses monuments sans nombre, ses grandes perspectives terminées par des horizons de collines ombreuses.

La ville superbe aux épiques souvenirs, donnant au pied du petit monastère; tel est le dernier spectacle que les yeux du poète ont contemplé.

Oui le Tasse a vécu là, mais il y vécut peu de temps, juste assez cependant pour que la légende s'appuie sur l'histoire; il y entra le 10 avril, et il y expira le 25; on peut donc dire qu'il y est venu mourir.

Torquato était né en 1544 à Sorrente, un coin délicieux pour abriter un poète. Son père, Bernardo, était poète aussi; dès l'âge de vingt ans son fils était plus célèbre que lui, et à vingt et un ans le cardinal d'Este, qui avait le goût des lettres, l'appela à la cour de Ferrare à l'occasion du mariage de son frère, le duc Alphonse II, avec une archiduchesse d'Autriche. Il vécut dès lors dans l'intimité de cette petite cour d'artistes, où Lucrèce et Éléonore d'Este, les deux sœurs du cardinal, groupaient autour d'elles les hommes distingués de leur temps.

Envoyé en France auprès de Charles IX, le cardinal emmena Torquato comme gentilhomme à sa suite; le poète connut donc le roi de France, il fut même présenté à notre grand Ronsard. A quelque temps de là, desservi auprès du cardinal, il voulut retourner en Italie, se fixa encore à Ferrare, et composa en 1575 les premiers chants de la Jérusalem, dont il récita souvent des fragments à la cour.

Il ressort des témoignages de ses contemporains que le Tasse, sensible à l'excès, d'un aspect noble et fier, était hautain, susceptible, quelque peu misanthrope, et assez indifférent à ce qui venait d'en bas pour renoncer à toute prudence et marcher désarmé au milieu des jaloux, des calomniateurs et des envieux. Quand il se heurtait de front aux basses passions déchaînées et assistait à leur explosion, il ne savait plus se contenir et marchait droit aux méchants pour les braver. Un jour, se trouvant en face d'un intrigant dont il connaissait les maléfices, il n'hésita point à l'attaquer au milieu de trois de ses amis qui mirent le fer à la main pour le défendre ; une autre fois, dans le palais même du duc de Ferrare, il tira l'épée contre un serviteur du prince qui l'avait reçu avec peu d'égards : ce jour-là, Alphonse le fit arrêter, garder à vue, et bientôt il le bannit de son duché.

Le poète, ulcéré déjà, plongé dans une mélancolie noire, se retira dans un couvent de franciscains, et de là adressa ses plaintes au prince qui, lui ayant retiré son appui, semblait avoir conçu contre lui une véritable haine. Le poète parvint cependant à sortir de sa retraite, il erra fugitif du nord au sud de l'Italie, sans compagnon, sans appui ; on dit même sans pain pour la route. C'est ainsi qu'il se présenta un jour à Sorrente, pâle, défait, presque égaré, devant sa sœur Cornelia, prise de pitié en face de celui qu'elle avait laissé plein d'espoir, jeune et déjà couronné des rayons de la gloire. Toujours agité, Torquato passa de Sorrente à Venise, puis il se fixa successivement à Vérone et à Padoue, poursuivi de l'idée de revoir Ferrare comme s'il y avait laissé quelque chose de lui-même. De partout il écrivait au prince de lui accorder le pardon et de lui permettre de rentrer à la cour. Il y revint en effet, mais il y fut reçu avec froideur; le singulier état moral dans lequel il semblait plongé pendant ce dernier séjour d'une année à la cour d'Este, peut avoir donné naissance à la légende qui représente le Tasse comme épris d'une invincible passion pour la duchesse de Ferrare. L'histoire n'est pas d'accord en ce point avec la poésie; il est constant que Torquato vivait dans une sorte d'intimité avec Lucrèce et Éléonore d'Este, mais il ne faut point oublier que la cour de Ferrare était alors un centre d'art et de culture littéraire où un poète avait sa place marquée; le seul nom d'amoureuse qu'on retrouve dans les témoignages contemporains est celui de la San Vitali, comtesse de Scandiano, qui n'aurait pas été insensible à la gloire de Torquato. La postérité cependant a fait du Tasse *L'Amant d'Éléonore,* et c'est probablement la dureté d'Alphonse à l'égard du poète, dureté attribuée à la jalousie que le prince aurait ressentie, qui a donné lieu à la légende représentant la duchesse comme éprise de celui qui l'avait chantée.

A partir du moment où il est rentré en grâce, le trouble qui l'agite augmente chez Torquato; il laisse croître ses cheveux et sa barbe, s'abandonne dans toute sa personne, marche seul, agité, et comme hanté par des songes; il écrit des sonnets satiriques contre le duc. Il y a là un symptôme qui pourrait, à la rigueur, prouver qu'il était jaloux du prince; celui-ci fut sans pitié, il le fit saisir et enfermer à l'hôpital Sainte-Anne, non pas avec les aliénés, ce serait inexact, mais dans une enceinte très proche. Était-il alors simplement mélancolique ou égaré, l'histoire ne se prononce pas encore; on connaît une lettre de lui où il fait une allusion pénible aux cris des aliénés qui parviennent jusqu'à ses oreilles, et à cette image de la folie qui, se représentant sans cesse à sa pensée, va l'égarer à son tour. Le poète allait néanmoins montrer encore une fois au monde que son génie n'avait point sombré dans cet abîme de la folie où s'agitent, tumultueuses, des idées que ne relie plus le fil d'or de la raison. Rendu à la liberté et accueilli à Mantoue chez les Gonzague, il trouva encore un moment de consolation dans le travail et publia *La Jérusalem conquise*. C'est à cette époque de sa vie qu'il fit de longs séjours à Rome, à Florence, à Naples; il vivait depuis quatre mois près de Florence quand le cardinal Cinthio, un enthousiaste de Pétrarque et du Tasse, voulut l'attirer à Rome. Il y vint en effet, et pendant que ce prince de l'Église, nature ardente et pleine de vitalité, organisait son triomphe, le Tasse, sentant sa fin venir, déjà détaché de la vie et plongé dans une mélancolie mortelle, voulut renoncer au monde.

Le cardinal Cinthio Passeri, fils d'Isabelle Aldobrandini, la propre sœur du pape, était le cardinal le plus magnifique de son temps. Il avait profité des avantages que la tradition accordait au titre de neveu du pape pour se faire une cour de lettrés, d'artistes, de philosophes et de théologiens; il y accueillait aussi les plus jolies femmes de Rome et les plus distinguées par leur esprit. Cardinal au titre de San Giorgio, il menait l'existence fastueuse d'un prince; son „Mæstro di Camera," Lunadoro, fameux chroniqueur, ne nous a rien laissé ignorer du singulier cérémonial auquel on devait s'habituer quand on vivait auprès de lui. La pompe était telle, et telles les minuties de l'étiquette et de la représentation, qu'on se croyait tous les jours en gala. Les poètes et les artistes, habitués à une vie simple et toute „alla buona", s'échappaient comme d'une prison de ce palais où régnait un cérémonial trop pompeux; mais cependant le cardinal traitait les penseurs en princes et leur prodiguait une courtoisie

Le Chêne du Tasse.

qu'on réserve d'habitude aux grands de la terre. Il avait connu le Tasse en d'autres temps; il le garda quelques jours auprès de lui, mais le prélat dut se rendre au vœu du poète qui aspirait au repos et insistait pour se retirer dans un cloître.

Le 10 avril 1595, Torquato se présenta à la porte du couvent de San Onofrio, demandant au père ermite un refuge contre la malignité des hommes et un asile pour finir ses jours. Déjà mort aux joies du monde, l'espoir du triomphe qui l'attendait au Capitole ne pouvait plus ranimer son cœur flétri, il n'avait plus d'espoir qu'en Dieu, plus d'autre aspiration que l'éternel repos.

Le 25 avril 1595, quinze jours après avoir frappé à la porte du petit monastère, le poète s'éteignait, sans lésion apparente, pris d'une mortelle langueur, comme si toute source de vie était tarie en lui. Et ceux qui préparaient son couronnement, jetèrent sur son cercueil les fleurs destinées à orner son char de triomphe.

Avant de quitter cette enceinte à jamais consacrée par une grande mémoire, franchissons la barrière qui donne accès aux jardins du couvent; ils sont humbles comme le cloître lui-même; consacrés à la culture maraîchère, les Hiéronimites y cultivaient de leurs propres mains les légumes nécessaires à leur frugale existence. Ici, du moins, à la clarté du ciel, en face des grands horizons, rien ne vient blesser l'imagination du voyageur; s'il pénètre jusqu'au fond du verger, il peut s'asseoir au pied d'un tronc colossal foudroyé par l'orage il y a trente ans à peine, et qui porte encore aujourd'hui le nom de „chêne du Tasse". C'est là, dit-on, que le poète venait se reposer au déclin du jour; quelque moine soucieux de sa grande mémoire a planté près du chêne brisé un laurier des poètes dont chacun des visiteurs veut emporter un rameau. Un pas encore, c'est la limite de l'enceinte, elle se termine en amphithéâtre, avec des gradins naturels cachés aujourd'hui sous la mousse et les hautes herbes. Là, Philippe de Neri, entraînant à sa suite la masse des fidèles pour lesquels l'enceinte de son église était désormais trop étroite, fit à la face du ciel ses conférences célèbres, et sa parole féconde fonda l'éloquence oratorienne.

Gravissons ces gradins couverts de lichens et contemplons Rome du haut du monticule. Ici, comme le Titien le fit pour l'Arioste, on peut évoquer les traits épiques du chantre de la Jérusalem délivrée, et donner pour fond à cette image les verts rameaux du laurier des poètes, planté sur sa tombe par la main d'un humble moine.

CHAPITRE X

LE MONTE PINCIO

Sommaire. — Napoléon Ier crée la promenade du Pincio. — Vue sur Rome. — Vue sur la villa Borghèse. — Caractère de la promenade. — Habitudes romaines. — Le Pincio d'autrefois et celui d'aujourd'hui. — Descente par Trinità dei Monti.

Place du Peuple.

Il n'y a pas encore un siècle, ce Monte Pincio, où défilent les touristes des deux mondes, et qui voit s'appuyer sur ses terrasses les pèlerins de toutes les nations, était encore une colline couverte de vignes, l'une de celles qui donnent son nom à „*La Ville aux sept Collines*".

Napoléon s'intitulait alors roi d'Italie ; il fit tailler la montagne et appela un architecte français, Valadier, qui lui donna pour contreforts ces escaliers superbes, ces décorations architectoniques, ces statues et ces couronnes rostrales, tout cet ensemble monumental qui, vu de la place du Peuple dominée tout entière, fait un soubassement grandiose à la colline ainsi transformée. Le Pincio est un lieu à la fois sévère, aimable et intime; mélancolique à l'heure où le soleil se couche, il est tumultueux au moment de la promenade, et à toute heure du jour il reste plein de caractère. On ne peut le comparer à aucun lieu du monde, la grande impression qui domine le voyageur, celle sur laquelle le Romain le plus fidèle à sa ville, le plus casanier, le plus habitué à la ressentir chaque jour, n'a jamais pu se blaser; c'est le frappant contraste qu'offrent les perspectives qui, du haut de la colline ainsi convertie en une terrasse immense, frappent les yeux des promeneurs. Si on s'accoude aux terrasses qui regardent le Tibre, dominant Rome tout entière depuis le Vatican jusqu'à la Porta Portese et le Latran, on a pour horizon un monde de dômes, d'obélisques, de clochers, de frontons d'église couronnés d'un peuple de statues; et on plane sur une mer de toits de tuiles, dominés de temps en temps par de belles loggia au faîte des palais. Ramené presque à nos pieds par la perspective, coule le Tibre qui baigne la villa Altoviti; le château Saint-Ange dresse sa masse pesante, élégamment couronnée par son ange aux ailes déployées, et au fond la noble et fière coupole de Saint-Pierre se profile sur un ciel gris, léger, ce ciel romain si connu des peintres, au ton fin, profond et lumineux. Tout à fait aux plans extrêmes, les pins parasols aux contours nets et fermes, se détachent sur les pâles collines; si nous ramenons le regard à nos pieds, Rome vit et s'agite; les lourds carrosses, qui dans un instant vont sillonner les allées de la promenade et défiler sous ses yeux, sillonnent les rampes qui accèdent au Pincio; dans une perspective plongeante, ils nous apparaissent encore microscopiques, et à des profondeurs énormes. Presque à portée de la main, sur les glacis de la terrasse, des jardiniers et des maraîchers cultivent des plates-bandes de violettes et de primevères, qui font à l'immense tableau une éclatante bordure, un premier plan très coloré et très original.

Si c'est l'heure où le soleil se couche, tout s'enveloppe et tout se dore; ces fonds, à la fois gris et lumineux tout à l'heure, ruissellent d'une lumière ambrée, de grandes taches sanglantes empourprent l'horizon. Pour peindre un tel tableau il faut de l'or à pleine palette, des traînées lumineuses, des touches vives, couleur de feu, posées d'un pinceau preste aux fenêtres de la gigantesque coupole de Michel-Ange. Tout à l'heure, volatilisée dans l'air gris, sur un fond argenté, le dôme semblait flotter dans l'éther comme un aéronaute ; il s'accuse maintenant en ferme silhouette sur ce fond éclatant.

Quel contraste si, abandonnant la terrasse qui regarde le Tibre, nous allons nous appuyer au mur de l'enceinte de la ville. Pendant que tout rayonne au couchant, ici la nuit s'avance ; silencieuse elle va descendre sur les jardins virgiliens de la villa Borghèse, où déjà de légères vapeurs flottent sur les gazons d'un vert sombre. Les divinités de marbre se voilent dans la nuit, il semble que Diane, qui montre au ciel son croissant, s'apprête à mener sur les tapis de mousse le chœur des vierges chasseresses. Tout est paisible, silencieux, recueilli ; tout à l'heure, c'était une villa, maintenant c'est un bois sacré, et l'imagination, en face de ce paysage antique enveloppé dans les premiers voiles du soir, évoque le monde mystérieux qui ne vit plus que sur le marbre. Au milieu de cette solitude, des lambeaux de vers des poètes latins chantent dans la mémoire du voyageur qui va s'appuyer sur le vieux mur de l'enceinte aurélienne et, par la pensée, revit dans L'antiquité.

Si on se penche sur la dalle d'appui, on surplombe l'enceinte à une hauteur qui donne le vertige, et on découvre, entre la villa et les contreforts de la colline taillée à pic, une bande étroite, un chemin encaissé où, la lance au poing, des *pecorari*, cavaliers pittoresques qui semblent échappés des tableaux de Léopold Robert, escortent les lourds chariots des paysans de la campagne romaine et les troupeaux qui reviennent des marchés. Ils s'en iront ainsi, à la nuit noire, de la porte du Peuple à la Porta Salara, rejoignant leurs fermes, aux solitudes de l'*Agro Romano*, dont les horizons se perdent dans la brume du soir. A notre droite les bosquets noirs de la villa Médicis respirent la plus profonde solitude, et les murs qui en forment l'enceinte, appuyés sur la muraille même d'Aurélien, semblent des fortifications orientales, qui suspendent sur l'abîme leurs petits avant-corps percés de machicoulis, d'observatoires destinés à surveiller l'ennemi.

Au matin tout est désert, mais tout a changé d'aspect; un vieux prêtre se chauffe au soleil, en sommeillant sur un banc de marbre; une nourrice au costume éclatant, la tête ornée d'épis d'argent qui tremblent, surveille des enfants qui creusent la terre à ses pieds; dans les quinconces solitaires, un vieux cardinal, au manteau rouge, accompagné de deux jeunes abbés et suivi à distance de deux domestiques cagneux à livrées étranges, se traîne en causant à voix basse. Un autre rencontre des séminaristes en promenade et reçoit les hommages d'un abbé obséquieux. Deux autres princes de l'Église s'abordent et se saluent avec une politesse exquise; c'est la *Rencontre au Monte Pincio* si spirituellement fixée par le *peintre des cardinaux*. Lentement, dans la grande allée qui entoure les petits jardins, suit le lourd carrosse à train rouge, attelé de deux grands chevaux noirs.

En hiver l'aristocratie se promène de trois à cinq heures en voiture ; les carrosses accèdent à la colline par la place du Peuple, en faisant de longs circuits par les rampes énormes, et la colline, au matin déserte, se change en un brillant salon. La promenade est petite, le centre est coupé d'exèdres et de bosquets où circulent les piétons, cent voitures se pressent dans la grande allée, forcées de revenir dix fois sur elles-mêmes. Les doux rayons d'un soleil d'hiver animent la scène, on se salue de la main, et aux bornes de marbre, qui de chaque côté limitent l'allée sur tout son parcours ; s'appuient les promeneurs venus pour voir ou pour être vus. C'est notre bois, beaucoup plus intime, avec plus de caractère, dans un monde tout autre et sous un ciel plus clément.

Dans un espace vide, au centre, autour d'un palmier solitaire, un peu étonné de se trouver là, sont

Épisode au Monte Pincio. — Tableau de Ferdinand Heilbuth. — Collection S. R. Wallace.

rangés les musiciens, et, sous prétexte d'écouter les symphonies, les voitures viennent stationner sur un grand terre-plein, qui fait saillie juste dans l'axe du dôme de Saint-Pierre.

C'est *le Piazzone,* comme on dit à Florence; les piétons, protégés par une rangée de bornes de marbre reliées par des chaînes, entrent dans cette enceinte et circulent entre chaque carrosse, formant des groupes amis; cela dure une heure, on cause, on jase, on médit, on combine les divertissements du lendemain, on fait l'amour à ciel ouvert, on se raconte la soirée de la veille; les cancans élégants circulent, les intrigues se nouent aux accords d'une phrase de Verdi ou de Mercadante, exécutée par une bande militaire.

Que de Romains, fidèles à leur cité pendant vingt années, n'ont pas manqué un seul jour à venir s'asseoir au Pincio. Mais tout s'en va, la mode change, la promenade sur la colline ne semble plus indispensable au Romain d'aujourd'hui; et la villa Borghèse, et la villa Pamphili sont plus à la mode. On dirait que Rome étouffe dans cette étroite enceinte; déjà d'un œil jaloux les édiles regardent la villa Médicis, où nous abritons nos pensionnaires de l'Académie de France, destinée peut-être un jour à élargir le Pincio et à lui donner des abords dignes de la capitale de l'Italie. Autrefois, si on voulait savoir au débotté, en arrivant à

Rome après une longue absence, où trouver un ami, où rencontrer un voyageur de passage, et se rendre compte enfin des chances que le hasard allait vous offrir pendant un séjour, on venait au Pincio, on faisait le tour du *Piazzone,* et après avoir passé en revue les promeneurs, on savait à quoi s'en tenir. C'est une chance de moins pour le passant d'aujourd'hui. Rome, cependant, est toujours un but pour le monde entier; dès que l'hiver se fait sentir on y revient, et bientôt, comme on allait à Londres faire un bout de „Season", c'est ici, qu'une fois par an, on viendra chercher ce monde cosmopolite qui s'en va „sans poser le pied sur les chemins".

C'était une province autrefois que Rome, et les étrangers qui passaient l'hiver étaient fidèles au Capitole, comme les hirondelles, au printemps, sont fidèles à nos doux climats. Le peuple lui-même savait répéter, en le défigurant ou le prononçant à sa façon, le nom des Moscovites, des Anglais et des Allemands qui avaient droit de cité dans la ville éternelle, par de grandes libéralités, par leur génie qui est de toutes les nations, ou même par quelque excentricité qui s'impose. Un Chateaubriand était ambassadeur de France, une Angelica Kauffmann, un soir de *Moccoli,* donnait l'hospitalité sur son balcon à Wolfgang Gœthe, un Stendhal, consul de France à Civita-Vecchia, dans l'atelier de la rue del Babbuino, donnait la réplique à Canova et à Thorwaldsen, un Demidoff, enfin, déblayait à ses frais le Forum.

Le *Piazzone*. — Au Monte Pincio.

Alors on pouvait mettre un nom sur chaque figure, et c'étaient les titres les plus retentissants du livre d'or qu'on citait en montrant les jolies princesses romaines, couchées sur les coussins des lourds carrosses. Nous n'avons pas vu ces temps-là, mais deux fois déjà depuis vingt ans nous avons vu retomber le rideau pour se relever sur une autre scène; nous ne retrouvons plus ici les lourdes voitures à train rouge des cardinaux qui amenaient les princes de l'Église se chauffer au soleil. Les jeunes gardes nobles, beaux comme des Lucius Verus, qui caracolaient, tout brillants d'or, à cheval dans les allées, ne sont plus là; et les pèlerins bretons, dignes curés de village, avides de contempler le saint-père, qui, au sortir d'une audience, s'entassaient six dans un véhicule de louage, se font de plus en plus rares. L'aspect de la foule a singulièrement changé; on sent que Rome est une capitale; et au milieu de ce monde d'hommes politiques et d'employés, venus de tous les points de l'Italie pour former l'administration, au centre même d'où elle rayonne sur le royaume, le Romain se perd et disparaît. Le palmier du Pincio croqué dans notre album, palmier unique, légendaire, planté en face de Saint-Pierre, d'où on contemplait les horizons romains, est mort de vieillesse, et lui aussi est devenu de l'histoire, comme les deux tours antiarchéologiques qui déshonoraient le Panthéon d'Agrippa. Les deux clochers sont morts d'un scrupule de l'Académie des Lyncei et d'un raffinement de la civilisation moderne; elle n'excuse pas plus Urbain VIII, enlevant des bronzes à une couole antique, que Pie IV, chargeant le *brachettone* Daniel de Volterre, de voiler les nudités terribles du dieu Michel-Ange à la Sixtine.

Tout change, mais le Pincio reste une promenade unique au monde, elle a cette grâce particulière aux choses de l'Italie, un mélange de grandeur, de bonhomie, de noblesse et de mélancolie. Quand il reste une heure assis sur ces exèdres, un monde de pensées s'éveille dans l'esprit du voyageur; car celui qui passe à cheval, s'appelle Colonna, celui-ci est un Borghèse, et cet autre est un Doria. Les cardinaux, sans doute, ne mettent plus dans la foule la note rouge de leur simarre, mais un bersaglier chemine, les mains dans les poches, la tête à moitié cachée par les plumes de coq flottant au vent, et c'est encore de l'histoire qui passe.

Les voitures modernes, landaus élégants, légers, bien suspendus, qui bercent de très jolies Romaines et des Américaines toutes neuves, ont remplacé les lourds carrosses, et, sveltes, descendent les rampes de la place du Peuple, pour s'engager dans l'étroit Corso où une foule compacte, sur trois rangs, se plante résolument sur leur passage pour mieux dévisager les promeneuses, comme au bon temps. Les piétons modestes, pour regagner la ville, au lieu de prendre les grands escaliers, passent encore sous les tilleuls épais qui abritent la fontaine de la villa Médicis, et descendent les marches monumentales de *Trinità dei Monti*. Les royaumes s'écroulent, les rois passent, mais les éternels modèles des artistes allemands de la

Place d'Espagne et Santa Trinità dei Monti.

via Margutta et des cénacles des peintres français, romains et espagnols, forment toujours sur les premières marches ces groupes maniérés qui font la joie des demoiselles, vouées à l'aquarelle. Leurs jupes sont toujours trop rouges, leurs fichus trop fins et trop blancs, les bouviers du Tibre, à cinq francs la pose, sont toujours trop luisants, trop peignés, trop neufs;

RENCONTRE SUR LE MONTE PINCIO

et leurs yeux sont dépourvus de la férocité géniale. Comme autrefois, enfin, il leur manque encore cette chose impondérable et sacrée qui s'appelle le caractère.

Arrêtons-nous pourtant devant ce bouquet de couleurs ; il attire l'œil, il le retient et le séduit, quoiqu'on se sente tenté de passer des glacis sur les velours trop brillants, d'éteindre par une belle demi-teinte bien grasse, les vêtements des pifferari trop frisés, et la coiffe trop empesée de cette *Pascuccia* qui figure à tous les étalages des musées en plein vent de la place d'Espagne.

Sur les Marches de Trinità dei Monti.

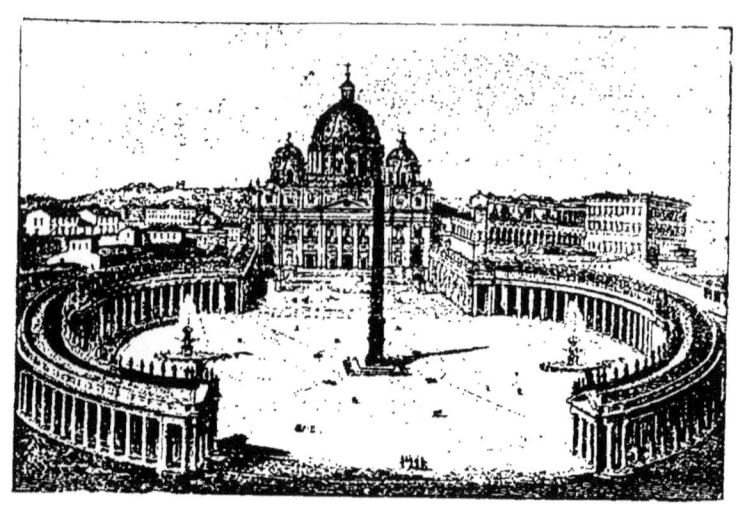

TABLE DES SOMMAIRES

Pages

Table des Illustrations contenues dans l'ouvrage et Indication du Placement des Eaux-fortes v

INTRODUCTION

ROME CAPITALE

Raison d'être de la publication de ces souvenirs. — La Rome pontificale devenue capitale de l'Italie Une. — Transformation de la ville. — Tout ce que nous avons vu avant 1870 appartient désormais à l'histoire. — L'auteur de la question romaine prophète. I

CHAPITRE PREMIER

TRENTE DU CONCILE

Pages

Retour en arrière. — Préparation au spectacle du concile. — Le dernier concile à Trente. — Aspect de la ville de Trente. — Ses monuments. — Ce que fut le Concile de Trente. — Son but, ses résultats. — Journal d'Antonio Milledonne, secrétaire des ambassadeurs de la Sérénissime. — Essais de restitution des spectacles et des pompes du Concile d'après les descriptions. — Nos dessins. — Résumé rapide des faits du Concile 19

CHAPITRE II

ROME PENDANT LE CONCILE

Convocation du Concile. — Son but. — Son esprit. — Pour la première fois depuis l'origine des conciles les puissances n'y sont point représentées. — Communications diplomatiques à ce sujet. — Le marquis de Banneville, au nom du gouvernement français, recommande la prudence au Pontife. — Le Concile a réussi au point de vue du nombre des représentants du monde catholique. — Statistique des Pères du concile présents. — Les Australiens. — Les patriarches. — Les rits. — Le pape prévoit le cas où il mourrait pendant le Concile. — Aspect de Rome pendant le Concile. — Un salon diplomatique. — L'hôtel de la Minerve. — Les alentours du Vatican. — Croquis d'abbés français. — Manifestations extérieures 43

CHAPITRE III

LE CONCILE DU VATICAN

Séance prosynodale. — Séance d'ouverture. — Programme de la cérémonie. — La procession vue de l'Atrium. — La sedia gestatoria. — L'intérieur de Saint-Pierre. — La statue de bronze de saint Pierre. — *L'aula conciliaris*. — Description. — Cérémonial de la séance publique. — *Exeant omnes!* — L'ouverture est proclamée. — Serment d'obédience. — La pluie persistante. — La Jettatura. — Opinion d'un correspondant relative au désordre des éléments 67

CHAPITRE IV

LE PAPE TIENT CHAPELLE

L'aspect de la place Saint-Pierre. — Arrivée des Pères du concile. — La scala regia. — Monseigneur Ledochowski. — Les chanteurs de la Chapelle Sixtine. — Aspect de la nef pendant l'office. — La tribune réservée aux Princes romains. — La sortie de la Messe pontificale 101

CHAPITRE V

CE QUI SE PASSE AU CONCILE

Mystère dont sont entourées les séances. — Le journalisme à Rome. — La censure. — État des esprits. —

Pages

Protestation qui suit la publication de la bulle de convocation. — Personnalités illustres. — Quelques opposants. — Quelques partisans. — Notre journal depuis l'inauguration jusqu'au 1ᵉʳ février. — Revue des troupes pontificales à la villa Borghèse. — Marche des discussions. — Lutte pour ou contre le dogme de l'Infaillibilité. — Protestations. — Les gallicans. — Résumé rapide des événements jusqu'à la promulgation du dogme. — Le Concile s'égrène. — La France déclare la guerre à l'Allemagne. — Événements de septembre 1870. — Clôture du Concile. 119

CHAPITRE VI

LE VATICAN INTIME

Ce que renferme le Vatican. — Partie ancienne. — Partie moderne. — Agglomération successive sous les divers Pontifes. — La cour Saint-Damase. — La salle Clémentine. — Audiences. — La garde noble. — Le majordome Mgr Pacca. — Appartements de réception. — Audience de l'ambassadeur de Portugal. — Le saint-père. — Biographie et portrait. — Le cardinal Antonelli. — Les cours du Vatican. — Flânerie dans les cours. — Les dessous et les coulisses. — Sortie du Vatican. — L'abside de Saint-Pierre 165

CHAPITRE VII

LA NUIT DE NOËL A ROME

Aspect de Sainte-Marie-Majeure. — La nuit de Noël. — Prédication des enfants à Ara Cœli. — L'Église. — Son caractère. — Les discours prononcés par les enfants. — Le Prœsepio. — Le divin Bambin. — Légende qui s'y rattache 227

CHAPITRE VIII

LA STATUE DE PASQUIN

Origine de la statue. — Son caractère archéologique. — Pasquino le tailleur. — L'esprit satirique des Romains s'incarne en sa personne. — Bons mots qu'on lui prête. — Satires dirigées contre les hommes et les choses. — *Les Pasquinades*. — La tradition tombe en désuétude. — Le journalisme moderne et la presse satirique remplissent l'office de *Pasquino*. 249

CHAPITRE IX

LE TASSE A SAN ONOFRIO

Le couvent de San Onofrio. — La statue du Tasse. — Son tombeau. — L'église et le cloître. — Vie du Tasse. — Ses voyages. — Péripéties diverses. — Il vient demander un refuge aux Hierominites de San Onofrio. — Léonard de Vinci à San Onofrio. — La chambre du Tasse. — Le cardinal Cinthio prépare son triomphe. — Il meurt avant de monter au Capitole. — Les jardins de San Onofrio. — Le chêne et le laurier du Tasse. 273

CHAPITRE X

LE MONTE PINCIO

Pages

Napoléon Ier crée la promenade du Pincio. — Vue sur Rome. — Vue sur la villa Borghèse. — Caractère de la promenade. — Habitudes romaines. — Le Pincio d'autrefois et celui d'aujourd'hui depuis 1870. — Descente par Trinità dei Monti 291

Fontaine de Trevi.

J. ROTHSCHILD, ÉDITEUR, 13, RUE DES SAINTS-PÈRES, PARIS

Extrait du Catalogue. — Envoi Franco contre Mandat

La Sculpture italienne au XVe Siècle. — *Matteo Civitali*, sa Vie et son Œuvre, par CHARLES YRIARTE. — Ouvrage de grand luxe, in-folio orné de 18 planches sur cuivre, formant deux états sur papier du Japon à la forme, et de 100 illustrations dessinées par PAUL LAURENT. — Un volume sous couverture peau d'âne tirée en noir et en or. Le texte est imprimé sur Japon, en noir et en rouge. L'ouvrage n'est tiré qu'à 200 exemplaires numérotés à la presse. . . . . 75 fr.

Nous ne possédons plus que quelques exemplaires de cette superbe Publication, qui ne sera pas réimprimée.

Florence, par CHARLES YRIARTE. — L'Histoire, les Médicis, les Humanistes, les Lettres, l'Architecture, la Peinture, la Sculpture. L'ouvrage est illustré de 500 gravures et planches sur cuivre. Prix 60 fr Relié . . . . 80 fr.
20 sur papier de Chine, au prix de 200 fr.

Venise, par CHARLES YRIARTE. — Histoire, Archives, Commerce, Navigation, Arsenal, Architecture, Sculpture, Peinture, Typographie, Littérature, le Verre, Mosaïque, Dentelle, Costumes, le Doge, Médailles, la Ville, la Vie. — L'ouvrage forme un volume in-folio, orné de 525 gravures, dont 80 de page entière. Relié en demi-maroquin . . . . 100 fr.

Nous ne possédons plus que dix exemplaires. L'ouvrage ne sera pas réimprimé.

La Vie d'un Patricien de Venise au XVIe siècle, d'après les papiers d'État des Archives des Frari. *Ouvrage couronné par l'Académie française.* Édition de luxe avec 136 gravures et 8 planches, d'après les fresques de PAUL VÉRONÈSE. 30 fr.; relié 40 fr. 50 exemplaires sur Japon, à . . . 60 fr.

Rimini. — Histoire d'un Condottiere au XVe siècle. — Études sur les Lettres et les Arts à la cour des Malatesta. Un volume in-8o, avec 200 gravures d'après les monuments du temps. Prix 25 fr., relié 32 fr. Sur papier de Japon . . . . . . 60 fr.

Françoise de Rimini dans la Légende et dans l'Histoire, par CHARLES YRIARTE. Publication de luxe, sur papier Japon, ornée de vignettes et de dessins d'INGRES et d'ARY SCHEFFER. Prix . . . . 10 fr.

Les Médailleurs de la Renaissance, par ALOÏSS HEISS. Belle publication in-folio, paraissant par monographies séparées; le tirage n'est qu'à 200 exemplaires. Plusieurs volumes sont presqu'épuisés.

Le Pisan. Un volume avec 14 planches et 75 vignettes. Prix . . . . 40 fr.

Laurana (Francesco) et Pietro da Milano. — Un volume, 5 planches et 130 vignettes. Prix . . . . 30 fr.

Este (Les Médailleurs de la Maison d'). — Marescotti, Lexignollo, Petricini, Baldasare Estence. Un volume orné de 8 planches et de 130 vignettes. Prix . . . 40 fr.

Alberti (Léon-Baptiste). Matteo de Pasti et anonyme de Pandolphe IV Malatesta. 8 planches et 100 vignettes . . . 40 fr.

Niccolo Spinelli, Antonio del Pollajuolo, anonymes d'Alphonse Ier d'Este, de Charles VIII et d'Anne de Bretagne, Gentile Bellini, anonymes de Lucrèce Borgia, de Laurent le Magnifique et de Mahomet II. Les della Robbia, etc., 11 planches et 100 vignettes . . . . 60 fr.

Sperandio de Mantoue et les Médailleurs anonymes des Bentivoglio, Seigneurs de Bologne. — 16 planches et 8 planches sur cuivre, 160 vignettes dans le texte. 100 fr.

Venise et les Vénitiens du XVe au XVIIe siècle. — Origines, Institutions, Mœurs, Coutumes, Monuments, Biographies des Personnages. Les Médailleurs sont An. M. Guidizani, Ant. Giovanni Boldo, Pietro da Fano, Fra Ant. da Brescia, Cambello dit Vittore Camello, Spinelli, Giov. Guido Agrippa, Alessandro Vittoria et des Anonymes des Doges de Venise et autres Vénitiens antérieurs au XVIIe siècle. — 17 planches et 445 vignettes sur plus de 200 pages de texte. 160 fr.

L'Art des Jardins, par A. ALPHAND (*Directeur général des travaux de la ville de Paris*). Étude historique, Principes de la composition des Jardins, Plantations, Décoration pittoresque et artistique des Parcs et Jardins. Traité pratique et didactique, 3e édition, entièrement refondue. Publication de luxe petit in-folio, 512 illustrations. Prix sous couverture en couleur sur peau d'âne, 20 fr.; en reliure de luxe 25 fr.; relié, 30 fr.; édition sur Hollande 30 fr.; sur Japon . . . . . . fr. 40

www.ingramcontent.com/pod-product-compliance
Lightning Source LLC
Chambersburg PA
CBHW070625160426
43194CB00009B/1375